Julie Schwob

GOD Save THE COOK

Fotos: Louis-Laurent Grandadam

tandem.VERLAG

Dieses Buch ist Raphaël gewidmet, meinem cuty baby-boy, der all diese Rezepte mit mir zusammen kosten durfte!

VORWORT

Erwähnt man hierzulande die britische Küche, erntet man in der Regel skeptische Blicke – und der eine oder andere kann sich ein mildes Lächeln nicht verkneifen.

Doch es spricht sich immer mehr herum: Die Küche jenseits des Ärmelkanals ist viel besser als ihr Ruf! Zeit, sie näher kennenzulernen, denn sie hält viele schöne Überraschungen für uns bereit, viele köstliche und originelle Geschmackskombinationen, Aromen, Texturen und Ursprünge, die größte Aufmerksamkeit verdient haben.

Als weit gereiste Seefahrer haben die Briten alle möglichen Gewürze, Früchte und Gemüsesorten sowie diverse Handgriffe von ihren Entdeckungsreisen in sämtliche Ecken der Welt nach Europa importiert. In Verbindung mit der britischen Fischfang- und Viehzuchttradition hat dieses Erbe unglaublich leckere Rezepte hervorgebracht. Devon, Cornwall, die schottischen Highlands, die irischen Küsten, aber auch in Großbritannien populär gewordene indische Gerichte warten auf Sie!

Entdecken Sie 50 Spezialitäten, die auf den britischen Inseln zu wahren Küchenklassikern geworden sind. Lassen Sie sich überraschen und zögern Sie wie ich nicht länger, eine kulinarischere Version der Nationalhymne zu fordern:
God save the cook!

Julie Schwob

BREAKFAST & BRUNCH

„To eat well in England, you should have breakfast three times a day."
Das Zitat von W. Somerset Maugham bringt sehr gut auf den Punkt, welchen Stellenwert das Frühstück in der angelsächsischen Küche besitzt. Das Frühstück ist ein ganz besonderer Moment, bei dem man sich zum Essen viel Zeit nimmt, um eine gute Grundlage für den Tag zu legen. Sie haben dabei die Wahl zwischen einer Vielzahl von Speisen und Geschmacksrichtungen: English Breakfast, Kedgeree, Bohnen … alles ist möglich!

Das Full English Breakfast *ist DER englische Frühstücksklassiker schlechthin. Es unterscheidet sich deutlich von den leichteren Frühstücksvarianten, die die Briten* Continental Breakfast *nennen.*
Es soll üppig und reichhaltig sein, denn mittags gibt es statt einer richtigen Mahlzeit bloß einen kleinen Snack für den Hunger zwischendurch. Und man soll ja schließlich bis zum späten Nachmittag durchhalten, wenn es Zeit ist für den late tea.
Kosten Sie also das Full English Breakfast, *damit Sie gut durch den Tag kommen!*

FULL ENGLISH BREAKFAST

FÜR 6 PERSONEN
ZUBEREITUNGSZEIT: 15 MINUTEN
GARZEIT: 20 MINUTEN

6 Scheiben Toastbrot

1 *White Pudding* (englische Weißwurst, in spezialisierten Lebensmittelläden erhältlich), ersatzweise 1 Weißwurst

1 *Black Pudding* (englische Blutwurst, in spezialisierten Lebensmittelläden erhältlich), ersatzweise 1 Blutwurst

18 kleine Bratwürstchen

50 g Butter

3 Tomaten

200 g Champignons

6 dünne Scheiben Bacon

6 frische Eier

Dazu servieren:
600 g *Baked Beans* (siehe Rezept S. 13)
18 *Tatties Scones* (siehe Rezept S. 78)

- Die Toastbrotscheiben rösten. Diagonal halbieren und warm stellen.
- Weiß- und Blutwurst in einem Topf mit siedendem Wasser 10 Minuten erhitzen. Abtropfen lassen und in dicke Scheiben schneiden. In einer Pfanne mit etwas Butter 5 Minuten bei starker Hitze von allen Seiten goldbraun braten. Danach die Würstchen braten.
- Tomaten in dicke und Champignons in dünne Scheiben schneiden.
- Den Speck in einer Pfanne kross anbraten. Beiseitestellen und die Eier in der Pfanne zu Spiegeleiern braten.
- In einer anderen Pfanne die Champignons dünsten, danach die Tomatenscheiben.
- Das *Breakfast* mit den gebutterten Toastscheiben und einem guten Tee schön warm servieren.

IRISH BREAKFAST

Dieses ähnelt stark dem englischen Frühstück, verwendet aber ausschließlich irische Zutaten. Das Toastbrot kann durch das typische *Irish Soda Bread* (siehe Rezept S. 70) ersetzt werden.

SCOTTISH BREAKFAST

Auch hier gilt: Die Herkunft der Zutaten ist entscheidend – natürlich schottische in diesem Fall. Sie können Ihr *Breakfast* auch mit Haggis (siehe Rezept S. 76) anreichern, falls Ihnen der Sinn nach einem üppigen Frühstück steht, oder schlicht mit Schellfisch oder Räucherlachs.

WELSH BREAKFAST

Hier fällt die Wahl auf walisische Produkte, die zu Scheiben des typischen Seetangbrotes (*laverbread*) gereicht werden. Die Milch und die walisische Sahne im Tee nicht vergessen!

Porridge ist ein Getreidebrei, bei dem das Getreide in Wasser, Milch oder einer Mischung aus beidem gekocht wird. Er wird üblicherweise aus Hafer zubereitet, kann herzhaft oder süß sein und mit Beilagen wie geräuchertem Fisch, frischen oder getrockneten Früchten, Honig etc. angereichert werden.
Porridge ist auf den gesamten britischen Inseln vertreten und steht im Zentrum einer Meisterschaft, die einmal im Jahr in Carrbridge in der schottischen Grafschaft Inverness-shire stattfindet. Bei diesem Anlass wird das beste Porridge-Gericht gekürt, das als Auszeichnung den Golden Spurtle *(den traditionellen Porridge-Löffel, hier allerdings aus Gold!) erhält.*

FÜR 2 PERSONEN
ZUBEREITUNGSZEIT: 10 MINUTEN
GARZEIT: 10 MINUTEN

1 l Milch

5 EL Haferflocken

1 große Prise Salz

2 EL brauner Zucker

2 EL Crème fraîche

2 EL flüssiger Honig

2 EL frische Früchte, in Stücke geschnitten (z.B. Aprikosen, Pfirsiche, Weintrauben)

- Die Milch in einem Topf zum Kochen bringen. Haferflocken, Salz und braunen Zucker hinzufügen, Temperatur herunterstellen und erneut bis knapp unter dem Siedepunkt erhitzen; der Mix darf auf keinen Fall kochen. Bei geschlossenem Deckel 10 Minuten ziehen lassen und dabei regelmäßig umrühren.
- Ein letztes Mal umrühren, dann auf Tellern anrichten. Crème fraîche und Honig zugeben, dann noch einmal vermischen und das frische Obst darübergeben.

PORRIDGE MIT BACKOBST

Die frischen Früchte durch 1 Prise Zimtpulver, Rosinen und getrocknete Aprikosen ersetzen. Diese kurz in kochendes Wasser tauchen, dem 1 Esslöffel Rum beigemischt wurde. Einige grob gehackte Haselnüsse und Mandeln können ebenfalls dazugegeben werden.

PORRIDGE MIT ORANGE

Den Saft einer halben Orange zur Milch gießen und den Honig durch Orangenmarmelade ersetzen.

DER TRADITIONELLE SCHOTTISCHE PORRIDGE AUS CARRBRIDGE

Das Getreide in der Milch unter Zugabe des Salzes kochen, den braunen Zucker jedoch weglassen. Dabei nicht vergessen, den Porridge mit dem traditionellen Porridge-Holzlöffel, genannt *spurtle*, ausschließlich im Uhrzeigersinn umzurühren.
Den Porridge mit einem Schälchen Crème légère servieren, die mit den anderen Gästen geteilt wird. Den Porridge löffelweise essen und vorab in die Crème légère tauchen.

Das hier ist die „abgespeckte" Version des Full English Breakfast. Da das Gericht sehr nahrhaft ist, hält es bis abends vor. Dieser Klassiker kann frisch zubereitet werden, oder aber, was ebenfalls häufig vorkommt, out of the can, mit anderen Worten: aus der Konservendose! Die Dosen mit den weißen Bohnen in Tomatensauce dürfen in keinem englischen Vorratsschrank fehlen. In der Mikrowelle erhitzt, ist das die Trash-Version des Gerichts – zwar recht simpel, aber auch sehr lecker!

BAKED BEANS TOASTS

FÜR 4 PERSONEN
ZUBEREITUNGSZEIT: 15 MINUTEN
GARZEIT: 50 MINUTEN
EINWEICHZEIT: 12 BIS 24 STUNDEN

350 g trockene weiße Bohnen
500 ml frisches Tomatenpüree
Salz, Pfeffer
2 EL brauner Zucker
4 Scheiben Toastbrot
50 g Butter

- Am Vorabend die weißen Bohnen in einem Gefäß mit kaltem Wasser einweichen.
- Die Bohnen am nächsten Tag abtropfen lassen und in einen Topf geben. Mit kaltem Wasser bedecken und zum Kochen bringen, um sie zu blanchieren. Vom Herd nehmen und das Wasser abgießen. Dann die Bohnen erneut mit kaltem Wasser bedecken und auf kleiner Flamme zum Kochen bringen, anschließend 50 Minuten garen (darauf achten, dass immer genügend Wasser im Topf ist).
- Bohnen abtropfen lassen und in kaltem Wasser abschrecken. Zusammen mit dem Tomatenpüree, Salz, Pfeffer und braunem Zucker in einen Topf geben. Vermischen und leicht erhitzen.
- Die Toastscheiben rösten und anschließend dick mit Butter bestreichen. Die Bohnen mit der Tomatensauce darüber verteilen und heiß verzehren.

VaRiAntE

Die Toasts nicht rösten, sondern in einer Pfanne in 50 g heißer Butter anbraten (bis sie auf beiden Seiten goldbraun sind; bei Bedarf noch Butter hinzufügen). Auch gut: etwas geriebenen Käse über die Bohnen streuen.

Die Eggs *(auf französisch: Oeufs)* en Cocotte *nach englischer Tradition werden üblicherweise in einem sogenannten* Egg Coddler *gekocht, einem kleinen Porzellanbehälter, der die Größe eines oder zweier Eier hat und sich dank eines Metalldeckels hermetisch verschließen lässt. In diesen Deckel ist ein Ring eingelassen, um den* Coddler *leichter aus dem kochenden Wasser heben zu können, in dem er erhitzt wird. Es war die königliche Porzellanmanufaktur Worcester, die Mitte des 19. Jahrhunderts diese kleinen Gefäße entworfen und entwickelt hat, vermutlich in der Absicht, den königlichen Frühstückstisch zu verschönern. Seitdem gibt die Manufaktur bei jedem königlichen Großereignis spezielle Serien des* Egg Coddlers *heraus, die bei Sammlern natürlich sehr beliebt sind.*

EGGS EN COCOTTE

FÜR 6 PERSONEN
ZUBEREITUNGSZEIT: 5 MINUTEN
GARZEIT: 7 BIS 8 MINUTEN

6 *Egg Coddler* oder kleine Ofenförmchen (Ramequins)

Butter für die Förmchen

6 TL Crème fraîche

6 ganz frische Eier

6 EL frische Kräuter, klein geschnitten (z. B. Schnittlauch, Koriander, Petersilie)

Salz, Pfeffer

- Die *Egg Coddler* bzw. Förmchen dünn mit Butter einfetten.
- 1 Teelöffel Crème fraîche in jedes Förmchen geben, dann vorsichtig das Ei darauf setzen, ohne dass es kaputtgeht.
- 1 Esslöffel fein geschnittene Kräuter hinzufügen. Salzen und pfeffern.
- Die Coddler sorgsam verschließen und in einem Topf mit kochendem Wasser 7 bis 8 Minuten erhitzen.

HERZHAFTE MUFFINS

ERGIBT 6 MUFFINS
ZUBEREITUNGSZEIT: 10 MINUTEN
BACKZEIT: 30 MINUTEN

25 g Mehl

1/2 Tütchen Backpulver

3 Eier

3 EL Ricotta

2 EL Olivenöl

6 EL frische Kräuter, klein geschnitten (z. B. Petersilie, Koriander, Schnittlauch)

Salz, Pfefffer

- Den Backofen auf 180 °C Umluft vorheizen.
- Das Mehl zusammen mit dem Backpulver durchsieben.
- In einer Schüssel die Eier verquirlen. Ricotta und Öl hinzufügen, dann erneut verquirlen. Fein geschnittene Kräuter untermischen, salzen und pfeffern. Die Mehl-Backpulver-Mischung beimengen und vorsichtig umrühren.
- Den Teig in eine Muffinform füllen. In den Ofen schieben und 30 Minuten backen. Muffins erst abkühlen lassen, dann aus der Form nehmen.

Kedgeree ist ursprünglich ein indisches Gericht (kitchiri), das im 15. Jahrhundert entstand und das die englischen Kolonisten des viktorianischen Zeitalters im Gepäck mitführten, um damit ihren Frühstückstisch zu bestücken. Das (wie die Biryani-Gerichte) auf Reis- und Linsenbasis zubereitete Essen wurde von den Engländern mit geräuchertem Schellfisch, hart gekochten Eiern und frischer Petersilie angereichert. Man verzehrt Kedgeree lauwarm mit einem guten Tee zum Frühstück oder auch zur teatime.

INDISCHES KEDGEREE

FÜR 4 PERSONEN
ZUBEREITUNGSZEIT: 15 MINUTEN
GARZEIT: 30 MINUTEN

400 g Schellfisch

300 ml Milch

150 g Langkornreis

Salz, Cayennepfeffer

2 hart gekochte Eier

1 Zwiebel

20 g Butter

1/2 Bund frische Petersilie

1 Zitrone

- Den Schellfisch in der Milch 10 Minuten knapp unter dem Siedepunkt pochieren. Abtropfen lassen, Haut abziehen und, falls nötig, Gräten entfernen.
- Den Fisch vorsichtig in kleine Stücke zerlegen.
- Während der Schellfisch gart, den Reis nach Packungsaufschrift kochen. Mit Salz und Cayennepfeffer abschmecken. Den Reis mit den Schellfischstücken mischen und ein mit der Gabel zerdrücktes halbes Ei hinzufügen.
- Die Zwiebel schälen und in dünne Ringe schneiden. In einer Pfanne in der Butter andünsten und danach leicht karamellisieren lassen. Zum Mix aus Schellfisch und Reis hinzugeben.
- Die gewaschene Petersilie grob hacken und ebenfalls untermischen.
- Die restlichen Eier in gleichmäßige Viertel schneiden, ebenso die Zitrone. Zusammen mit dem lauwarmen Kedgeree servieren.

VARIANTE

Den Schellfisch durch geräucherten oder frischen, in Wasserdampf gegarten Lachs ersetzen (der ebenfalls in kleine Stücke gezupft wird).

Räucherheringe sind eine englische Frühstückstradition, die noch aus dem Mittelalter stammt. Die meisten dieser Heringe werden in Northumberland gefangen und dort ganz traditionell in kleinen Räucherkammern geräuchert, die Mitte des 19. Jahrhunderts entstanden sind. Um den Geschmack dieser Heringe zu mildern, serviert man sie warm mit gerösteten Toastscheiben, die mit Orangenmarmelade bestrichen sind.

KIPPER MARMALADE

TOASTS MIT RÄUCHERHERING UND ORANGENMARMELADE

FÜR 4 PERSONEN
ZUBEREITUNGSZEIT: 10 MINUTEN
GARZEIT: 8 MINUTEN

4 Räucherheringe
50 g streichfähige Butter
Salz, Pfeffer
4 Scheiben Toastbrot
25 g zerlassene Butter
1 Glas Orangenmarmelade

- Den Backofengrill vorheizen.
- Die Heringsschwänze abschneiden. Die Heringe mit der streichfähigen Butter einpinseln und auf einem mit eingefettetem Backpapier belegten Gitterrost in den Ofen schieben. Von beiden Seiten 3 bis 4 Minuten grillen. Salzen und pfeffern.
- Toasts von beiden Seiten rösten. Mit zerlassener Butter bestreichen und darauf die Orangenmarmelade verteilen. Sofort mit den warmen Räucherheringen verzehren.

VARIANTE

Die warmen Räucherheringe können auch auf klassische Art, mit viel Pfeffer, warmen Salzkartoffeln und einigen Löffeln *Devon Cream* gegessen werden. (*Devon Cream* oder *Clotted Cream* ist die sehr dicke englische Sahne. Wer sie nicht bekommt, kann auch Crème Double verwenden.)

SO BRITISH

Was die angelsächsische Küche besonders auszeichnet, ist ihre geschmackliche Exotik – sie bietet uns viel Abwechslung: süß-salzige Geschmackskombinationen und saure Akzente, mit denen sie unseren Gaumen erfreut. Selbst die einfachsten Gerichte werden mit originellen Saucen kombiniert, die für das gewisse Etwas sorgen: Mint Sauce, Chutney oder Marmite fürs Herzhafte, Lemon Curd oder Custard fürs Süße. Tauchen Sie ein in die Welt der englischen Saucen und kochen Sie sie einfach nach!

Das Rezept der frischen Minzsauce stammt aus dem Mittelalter, als süß-salzige Saucen in Europa sehr verbreitet waren. Zu dieser Zeit wurden die meisten Saucen mit frischen Kräutern zubereitet, die man auf Feldern oder im Unterholz fand. Die Minzsauce ist zum Klassiker der britischen Küche geworden, an dem man unverbrüchlich festhält. Sie wird hauptsächlich zu gebratenem Lamm gereicht.

FRISCHE MINZ SAUCE

FÜR 4 BIS 6 PERSONEN
ZUBEREITUNGSZEIT: 10 MINUTEN
GARZEIT: 1 MINUTE

6 EL frische Minze, fein geschnitten

1 EL brauner Zucker

1 Prise Salz

3 EL Cidre-Essig (ersatzweise Apfelessig)

- 3 Esslöffel Wasser in einem Topf zum Kochen bringen. Die Minze zusammen mit dem braunen Zucker und dem Salz ins Wasser geben. Komplett abkühlen lassen.
- Das Ganze fein mit dem Stabmixer pürieren, dabei schrittweise den Essig zugießen.

MARMITE

Um das Rezept dieses großen britischen Küchenklassikers, der auf der Basis von Bierhefe und Melasse zubereitet wird, wird ein großes Geheimnis gemacht, das die Engländer nicht preisgeben wollen. Schade!

Von seinem ganz speziellen Geschmack, der an japanische Sojasauce erinnert, leitet sich auch der Marmite-Werbeslogan her: *You love it or you hate it!* („Man liebt es oder man hasst es!") Schmeckt mit ein wenig kross gebratenem Bacon köstlich zu gebuttertem Toastbrot.

Chutney *ist die englische Entsprechung des Hindi-Wortes* catni, *das sich auf die zu indischen Gerichten gereichten delikaten Saucen bezieht. Es waren die Engländer, die die indischen Chutneys im 17. Jahrhundert aus Indien und Pakistan mit nach Europa brachten. In der Regel handelt es sich dabei um süß-sauer-salzige Geschmackskombinationen, die entweder mild oder scharf-pikant serviert werden. Man isst sie zu typisch indischen Gerichten, aber auch in Kombination mit gebratenem Fleisch.*

MILDES CHUTNEY

ERGIBT 500 G CHUTNEY
ZUBEREITUNGSZEIT: 15 MINUTEN
GARZEIT: 15 BIS 20 MINUTEN

450 g frische Mangos, geschält und in Würfel geschnitten

1/2 Zwiebel, in feine Ringe geschnitten

1 Knoblauchzehe, geschält und zerdrückt

1/2 TL Ingwerpulver

1/2 TL Muskatpulver

150 ml Cidre-Essig (ersatzweise Apfelessig)

75 g brauner Zucker

1/2 TL Salz

- Alle Zutaten in einem Topf vermischen. Auf kleiner Flamme erhitzen, bis die Mischung kocht, dann 15 bis 20 Minuten bei schwacher Hitze einkochen lassen.
- Das heiße Chutney in Marmeladengläser füllen und luftdicht verschließen. Es kann einen Monat im Kühlschrank aufbewahrt werden.

CHUTNEY AUS GRÜNEN TOMATEN

Die Mangos durch 450 Gramm gewürfelte, grüne (oder rote) Tomaten ersetzen. Eine Prise Cayennepfeffer zugeben und wie beschrieben zubereiten.

CHUTNEY AUS ORANGEN UND GETROCKNETEN APRIKOSEN

Die Mangos durch 2 geschälte, geviertelte Orangen und 200 Gramm grob zerkleinerte, getrocknete Aprikosen ersetzen. Statt Ingwer und Muskat 1 gestrichenen Teelöffel Kurkumapulver verwenden. Wie beschrieben zubereiten.

Für das englische Konditorhandwerk ist Custard das, was die Schlagsahne für den Rest Europas ist: eine Institution, die man zu Recht „Englische Creme" nennt. Sie besteht aus Milch, Eiern und Zucker und wird zur Konditorcreme, wenn man sie mit etwas Mehl andickt, oder zur Mandelcreme, wenn man Mandelpulver zugibt. Der Begriff fand das erste Mal 1413 in einem angelsächsischen Geschichtsbuch über das Kloster Croyland Erwähnung.

CUSTARD

ENGLISCHE CREME

**ERGIBT CA. 500 ML
CUSTARD-CREME**
ZUBEREITUNGSZEIT: 10 MINUTEN
GARZEIT: 15 MINUTEN

450 ml Vollmilch
3 Eier
25 g Streuzucker
1 Vanilleschote

- Die Milch in einem Topf zum Kochen bringen.
- In einer Schüssel die Eier mit dem Zucker und dem herausgekratzten Mark der Vanilleschote verquirlen.
- Die aufgekochte Milch vom Herd nehmen, nach und nach zu der Eimasse gießen und dabei mit einem Schneebesen umrühren.
- Das Ganze in einen sauberen Topf geben. Unter ständigem Rühren mit einem Holzlöffel auf kleiner Flamme erhitzen; die Sauce soll eindicken, bis sie am Löffel haften bleibt. Sie darf aber auf keinen Fall kochen. Sobald sie sämig ist, zum Abkühlen in eine Schale gießen (die Schale kann auch auf Eiswürfel gestellt werden, damit die Creme schneller kalt wird).
- Falls die Creme doch gekocht hat und jetzt klumpt, einfach in den Mixer geben, um sie weiter verwenden zu können. Das gibt ihr die richtige Konsistenz zurück.

ENGLAND

England auf einige wenige Rezepte
zu beschränken, ist kaum möglich.
Entdecken Sie die Obstgärten und Gartenanlagen
Kents, die für ihre schwarzen Krebse bekannten
Küsten Devons, die Käsereien in Dorset mit
ihrem berühmten Cheddar und ihrem Double
Gloucester; begeben Sie sich auf die Suche nach den
Lancashire-Schafen, nach den Fischen Cornwalls
oder auch nach der ein oder anderen Ale-Brauerei.
Feinschmecker, die Sie unterwegs sicher treffen,
werden Ihnen bestimmt eine Fülle von
schmackhaften Rezepten unterbreiten!

Diese Suppe stammt ursprünglich aus Shropshire im Südwesten Englands. Sie lässt sich ganz einfach aus dem in der englischen Küche am häufigsten verwendeten Gemüse – Erbsen – und einigen frischen Minze-blättern aus dem Garten zubereiten. Auch wenn die Suppe mit frischen Erbsen besser schmeckt, kann man diese problemlos durch tiefgefrorene ersetzen.

ERBSENSUPPE
MIT MINZE

FÜR 6 PERSONEN
ZUBEREITUNGSZEIT: 15 MINUTEN
GARZEIT: 15 MINUTEN

1 Zwiebel

einige Stängel frische Minze

25 g Butter

800 g frische Erbsen (oder tiefgefrorene bzw. aufgetaute)

1 l fettarme Geflügelbrühe

200 ml Crème fraîche

- Die Zwiebel schälen und fein hacken. Die Minze abspülen und die Blätter abzupfen.
- In einem Topf die Zwiebelstückchen in der Butter andünsten, bis sie goldgelb sind (aber nicht braun werden lassen). Erbsen, Geflü-gelbrühe und die Hälfte der Minzeblätter zugeben. Ca. 15 Minuten leicht köcheln lassen, bis die Erbsen weich sind.
- Den Inhalt des Topfes mit dem Stabmixer zu einer feinen Suppe pürieren. Crème fraîche hinzufügen und gut verrühren.
- Die restlichen Minzeblätter fein hacken und über die Suppe streu-en. Falls nötig, noch einmal kurz aufwärmen, aber nicht mehr zum Kochen bringen.

VARIANTE: KRESSESUPPE

Die Erbsen durch 350 Gramm gründlich gewaschene Kresse und 1 dicke, geschälte und klein gewürfelte Kartoffel ersetzen. Statt der Minze zum Abschmecken der Suppe eine ordentliche Prise Pfeffer verwenden.

Man schreibt das Jahr 1927, als in Newcastle upon Tyne das erste brown ale *gebraut wird. Mit seiner braunen Farbe und der leicht süßlichen Malznote schmeckt dieses Bier ein wenig nach Nuss. Man kann es trinken, aber auch sehr gut zum Kochen verwenden, z. B. als Beigabe in einer Suppenbrühe, in einem* stew *(Eintopf) oder als Weißweinersatz im Fischsud.*

BiER-CHEDDAR-SUPPE

FÜR 4 PERSONEN
ZUBEREITUNGSZEIT: 15 MINUTEN
GARZEIT: 30 MINUTEN

200 g Blumenkohlröschen

1/2 Zwiebel

1 Knoblauchzehe

50 g Butter

1 EL Worcestershire-Sauce

370 ml Newcastle Brown Ale
(ersatzweise dunkles Bier)

150 ml fettarme Geflügelbrühe

3 TL Maïzena®-Stärkemehl

400 ml Sahne

200 g alter Cheddar, gerieben oder
gehobelt

geröstete Croûtons zum Anrichten

- Den Blumenkohl 10 Minuten in Wasserdampf oder kochendem Wasser garen. Abtropfen lassen und beiseitestellen.
- In einem Topf die Zwiebel und die zerdrückte Knoblauchzehe in der Butter andünsten. Worcestershire-Sauce, Bier und Geflügelbrühe zugießen (von Letzterer 2 Esslöffel abzweigen, um darin die Maïzena®-Speisestärke aufzulösen). Leicht zum Köcheln bringen. Den Blumenkohl hinzufügen und die Suppe langsam erhitzen, bis sie wieder kocht. Aufgelöste Maïzena®-Speisestärke und Sahne untermischen.
- Den Topf vom Herd nehmen und den Cheddar zugeben. Umrühren, bis die Suppe etwas andickt.
- Die Suppe mit den gerösteten Croûtons servieren.

VaRiAntE

Dieses Rezept lässt sich auch mit Brokkoliröschen, Romanesco oder einer Mischung aus allen drei Gemüsesorten zubereiten.

Der Krebsfang ist im Süden Devons und in Cornwall ein absolutes Muss! Die Krebse werden dort zwischen April und November gefangen und sind größer als in anderen Regionen Englands. Ihr leicht bräunliches Fleisch und ihr äußerst milder Geschmack machen sie zu einer Lieblingsspeise von Gourmets. Die Engländer verzehren gerne den ganzen Krebs, aber sehr häufig essen sie ihn auch in der Suppe oder als crab cake.

KREBS-
SUPPE AUS DEVON

FÜR 4 PERSONEN
ZUBEREITUNGSZEIT: 15 MINUTEN
GARZEIT: 20 MINUTEN

1 Zwiebel

1 Stange Staudensellerie

1 Knoblauchzehe

25 g Butter

1 EL Mehl

250 g Krebsfleisch

1 l fettarme Geflügelbrühe

2 EL trockener Weißwein

200 ml Crème fraîche

Salz, Pfeffer

- Die Zwiebel schälen und fein hacken. Den Sellerie waschen und in dünne Streifen schneiden. Die Knoblauchzehe schälen und zerdrücken.
- In einem Topf die Zwiebelstückchen in der Butter dünsten, bis sie schön goldgelb sind.
- Sellerie und Knoblauch hinzufügen und ein paar Minuten mitbraten. Das Mehl zugeben, anschwitzen, danach 150 Gramm Krebsfleisch beimischen.
- Nach und nach die Geflügelbrühe zugießen und das Ganze 20 Minuten köcheln lassen. Den Topf vom Herd nehmen und die Suppe mit dem Stabmixer fein pürieren.
- In einer Pfanne den Rest des Krebsfleisches in Weißwein erhitzen. Crème fraîche zugeben, salzen, pfeffern und umrühren.
- Die Suppe mit dem leicht zerfaserten Krebsfleisch in Sahnesauce garnieren und servieren.

VARIANTE

Noch etwas edler: Bereiten Sie die Suppe wie beschrieben zu, aber geben Sie statt Krebs Hummer oder Languste hinein … falls Sie sie nicht am liebsten nur gegrillt mögen!

Diese Suppe geht auf eine Zeit zurück, in der Fleisch ein Luxus war und alle Teile des Tieres gegessen wurden. Den Schwanz des Ochsen wegzuwerfen, kam einfach nicht infrage! Heute kommt man gar nicht mehr so leicht dran: Sie sollten ihn beim Fleischer vorbestellen oder sich in eine Halal-Metzgerei begeben, die ihn sehr oft vorrätig hat. Die Oxtail Soup gehört zu denjenigen Suppen, die in England nahezu überall angeboten werden – auch in Pubs – und die es manchmal sogar als Imbiss zum Mitnehmen gibt.

OxtAil souP

OCHSENSCHWANZSUPPE

FÜR 4 PERSONEN
ZUBEREITUNGSZEIT: 15 MINUTEN
GARZEIT: 1 STUNDE 30 MINUTEN

50 g Butter

1 Zwiebel, in dünne Scheiben geschnitten

1 Ochsenschwanz, in Stücke geschnitten

1 Möhre, in dünne Scheiben geschnitten

2 Stangen Staudensellerie, in feine Streifen geschnitten

1 l fettarme Rinderbrühe

1 Bouquet garni

1 EL Mehl

2 EL Portwein (wenn man mag)

- Die Butter in einem Schmortopf zerlassen. Zwiebel, Ochsenschwanz, Möhre und Sellerie hinzufügen. Das Fleisch von allen Seiten einige Minuten goldbraun braten.
- Rinderbrühe und Bouquet garni in den Topf geben. Leicht zum Köcheln bringen, dann ca. 1 Stunde 20 Minuten weitergaren lassen.
- Die Schwanzknochen entfernen. Das Kräutersträußchen herausnehmen.
- Das in Portwein (oder warmem Wasser) angerührte Mehl hinzufügen. Ein paar Minuten einkochen lassen, damit die Suppe sämig wird. Schön heiß servieren.

VaRiAntE : KREOLISCHE OCHSENSCHWANZSUPPE

Dem Gemüse 3 geschälte und fein gewürfelte Tomaten sowie einige klein geschnittene grüne Bohnen beigeben. Portwein durch warmes Wasser ersetzen.

Cooper Thornhill – Inhaber des Lokals „Bell In" in Stilton in der Grafschaft Cambridgeshire – soll 1730, so heißt es, als Erster diesen Blauschimmelkäse bei einer Bäuerin aus Leicestershire gekostet haben. Er begeisterte sich für den Käse und schloss mit der Landwirtin einen Vertrag ab, mit dem er sich die Exklusivrechte an der Vermarktung sicherte. Bekannt wurde der Käse schließlich durch Reisende, die auf ihrem Weg von London in den Norden Englands in Stilton Station machten und ihm seinen Namen gaben.

Nur drei Gegenden dürfen die geschützte Ursprungsbezeichnung „Stilton" verwenden: Derbyshire, Leicestershire und Nottinghamshire. Der Blue Stilton ist der bekannteste, aber es gibt auch einen White Stilton.

BIRNEN mit Stilton

FÜR 6 PERSONEN
ZUBEREITUNGSZEIT: 10 MINUTEN
GAREN NICHT ERFORDERLICH

100 g *cream cheese* (Frischkäse) oder *cottage cheese* (Hüttenkäse)

100 g Stilton (im englischen Lebensmittel- oder im Käsefachgeschäft), ersatzweise 100 g Bleu d'Auvergne

Salz, Pfeffer

6 reife Birnen

Saft von 1 Zitrone

einige Blätter Kresse (oder frische Salatblätter)

einige Walnusskerne

ein Schälchen Essig

- *Cream cheese* und Stilton mit einer Gabel vermengen und kräftig zerdrücken. Salzen und pfeffern.
- Die Birnen schälen, halbieren und das Kerngehäuse herausschneiden.
- Zusammen mit dem Zitronensaft (der verhindern soll, dass sie braun werden) in eine Schüssel mit frischem Wasser geben.
- Die Kresse auf die Teller verteilen.
- Die Birnen aus dem Zitronenwasser nehmen (bei Bedarf mit Küchenpapier abtupfen). 2 Birnenhälften auf jeden Teller legen. Die ausgehöhlten Birnen mit der Stilton-Creme füllen.
- Mit ein paar gehackten Nüssen bestreuen. Ein wenig Essig darübergießen und gleich verzehren.

SELLERIESUPPE MIT STILTON

In einem Schmortopf 400 Gramm Staudensellerie und 1 in feine Streifen geschnittene Zwiebel in 50 Gramm Butter andünsten. 500 Milliliter fettarme Geflügelbrühe und 1 Bouquet garni hinzufügen. So lange kochen lassen, bis der Sellerie weich ist. Das Kräutersträußchen entfernen, dann alles fein pürieren. Etwas Mehl in warmem Wasser anrühren und 1 Esslöffel davon zur Suppe geben. Aufkochen lassen, damit die Suppe ein wenig andickt. Salzen und pfeffern. Die Suppe mit Stilton-Würfeln und dicken Scheiben Bauernbrot servieren.

So, nun kommen wir zum typischsten aller englischen Gerichte! Entlang des Ärmelkanals ist es seit 1850 eine echte Institution und wird dort in kleinen Imbissbuden zubereitet, die ausschließlich Fish and Chips verkaufen. Das echt englische Fish and Chips ist ein Gericht „zum Mitnehmen", das kochend heiß in Zeitungspapier gewickelt wird (in erster Linie handelt es sich um Boulevardblätter mit dem neuesten Klatsch, der genauso deftig wie das Gericht selbst ist!). Um dem Ganzen eine saure Note zu verleihen, werden Zitronenscheiben zum Backfisch gereicht. Auf die Chips gibt man typischerweise noch etwas Essig. So delicious!

FISH AND CHIPS

FÜR 4 PERSONEN
ZUBEREITUNGSZEIT: 30 MINUTEN
GARZEIT: 15 MINUTEN
RUHEZEIT FÜR DEN TEIG:
30 MINUTEN

100 g Mehl

1/4 TL Backpulver

Öl zum Frittieren

600 g Kartoffeln

4 feste weiße Fischfilets (z. B. Kabeljau, Schellfisch, Scholle)

Salz, Pfeffer

1 Zitrone

4 EL Weinessig

- Einen Frittierteig herstellen: In einer Schüssel Mehl, Backpulver und 150 Milliliter kaltes Wasser vermischen. 30 Minuten ruhen lassen.
- Das Frittieröl auf 150 °C erhitzen.
- Die Kartoffeln schälen und in dicke Stifte schneiden.
- Mit kaltem Wasser abspülen, dann vorsichtig in einem Geschirrtuch trocken schütteln. Die Kartoffelstifte ein erstes Mal ins Öl geben, bis sie leicht goldbraun sind. Warm stellen.
- Die Temperatur der Fritteuse auf 190 °C erhöhen.
- Die Fischfilets salzen und pfeffern. Kurz in den Frittierteig tauchen. 8 bis 10 Minuten im Öl frittieren, bis sie überall goldbraun sind. Warm stellen.
- Die Kartoffelstifte ein zweites Mal 2 bis 3 Minuten in das 190 °C heiße Öl geben, damit sie knusprig werden.
- Die Chips und den Fisch mit Zitronenscheiben anrichten. Die Chips mit etwas Weinessig beträufeln, erneut salzen.

Ursprünglich waren diese kleinen Teigtaschen als Mahlzeit für Bergleute, Fischer, Bauarbeiter und Schulkinder gedacht. Dank des festen Teigmantels ließen die Pasties *sich gut mit Fleisch oder Fisch und Gemüse füllen. Woraus die Füllung sich zusammensetzte, hing ganz von der finanziellen Situation der Familie ab: Für die Reichen gab es Fleisch, für die Armen bloß Kartoffeln und Gemüse.*
Heute kommen die Cornish Pasties *wieder in Mode. Sie werden in Pubs und sogar in eigenen Imbissketten serviert, die sie zum Mitnehmen anbieten. Auf jeden Fall sind sie ausgewogener und schmackhafter als „echtes" Junkfood!*

CORNISH PASTIES

TEIGTASCHEN MIT FLEISCHFÜLLUNG AUS CORNWALL

ERGIBT 6 TEIGTASCHEN
ZUBEREITUNGSZEIT: 20 MINUTEN
BACKZEIT: 40 MINUTEN

3 Speiserüben

2 mehlig kochende Kartoffeln

1 Stange Lauch

100 g Räucherspeckwürfel

2 Zwiebeln, in feine Scheiben geschnitten

200 g Lendensteak vom Rind, in Würfel geschnitten

250 ml fettarme Rinderbrühe

1 Schuss Worcestershire-Sauce

Salz, Pfeffer

300 g (fertiger) Mürbeteig von guter Qualität

1 Ei zum Bestreichen

- Den Backofen auf 180 °C vorheizen.
- Speiserüben und Kartoffeln schälen und in kleine Würfel schneiden. Den Lauch waschen und in dünne Scheiben schneiden. Alles 10 Minuten in einem Topf mit kochendem Salzwasser garen.
- Die Speckwürfel in einer Pfanne ohne Fett bei starker Hitze von allen Seiten goldbraun braten. Den Speck herausnehmen, aber das Fett in der Pfanne lassen. Die Zwiebeln in die Pfanne geben und kurz andünsten. Das Fleisch hinzufügen und 2 bis 3 Minuten bei starker Hitze unter Rühren anbraten. Das gut abgetropfte Gemüse, die Rinderbrühe und die Worcestershire-Sauce untermischen. Salzen und pfeffern. Das Ganze einkochen lassen, bis nur noch ein bisschen Fleischbrühe übrig ist.
- Den Mürbeteig ausrollen und 6 Kreise mit einem Durchmesser von je 18 cm ausschneiden. Die Füllung in die Mitte der Mürbeteigkreise geben und diese zu Teigtaschen formen. Die Ränder umklappen, damit die Taschen gut verschlossen sind. Die Oberseite der Teigtaschen mit dem Messer leicht einschneiden, damit der Dampf entweichen kann. Mit etwas verquirltem Ei bestreichen.
- In den Ofen schieben und 20 Minuten backen, dann auf 120 °C herunterschalten und weitere 20 Minuten backen.

VARIANTE: BEDFORDSHIRE PASTIES

In Bedfordshire gab man an einer Ecke der Teigtasche ein paar Früchte oder Marmelade mit hinein – auf diese Weise konnte man die Mahlzeit mit einem süßen Happen beenden, als Dessertersatz sozusagen!

Diese Pie, ein „Monument" der englischen Küche, wird mit Rindfleischstücken und Lamm- oder Rindernieren zubereitet. Im viktorianischen Zeitalter fügte man auch noch Austern hinzu, um dem Gericht mehr Würze zu geben. Da Austern teuer geworden sind und es weniger davon gibt als im 19. Jahrhundert, ersetzt man sie heute durch Champignons und Zwiebeln.

STEAK
& KIDNEY PIE

RINDFLEISCH-NIEREN-PASTETE

FÜR 6 PERSONEN
ZUBEREITUNGSZEIT: 20 MINUTEN
BACKZEIT: 1 STUNDE 30 MINUTEN

700 g Rindfleisch zum Schmoren

200 g Lamm- oder Rindernieren

2 EL Mehl plus etwas Mehl für die Form

2 Zwiebeln

4 frische Champignons

30 g Butter plus etwas Butter für die Form

2 EL Olivenöl

100 ml dunkles Bier

300 ml fettarme Rinderbrühe

2 EL Worcestershire-Sauce

2 Lorbeerblätter

Salz, Pfeffer

300 g (fertiger) Mürbeteig von guter Qualität

1 Ei zum Bestreichen

- Rindfleisch und Nieren in kleine Stücke schneiden und in Mehl wälzen.
- Die Zwiebeln schälen und in dünne Scheiben schneiden; die Champignons putzen und ebenfalls in Scheiben schneiden.
- In einer Pfanne Butter und Olivenöl zerlassen, die Fleischstücke darin bei starker Hitze von allen Seiten goldbraun anbraten.
- Zwiebeln und Champignons zugeben und auf mittlerer Flamme 10 Minuten dünsten. Bier, Rinderbrühe und Worcestershire-Sauce zugießen und die Lorbeerblätter hineingeben. 50 Minuten köcheln lassen, bis das Fleisch schön zart ist. Abkühlen lassen. Lorbeerblätter entfernen und das Ganze mit Salz und Pfeffer abschmecken.
- Den Backofen auf 200 °C vorheizen.
- Den Teig halbieren. Mit der einen Hälfte eine eingefettete und mit Mehl bestäubte Auflaufform auslegen (einschließlich der Seitenränder). Die Füllung hineingeben. Mit der anderen Teighälfte abdecken. In die Mitte ein Loch bohren und darin einen kleinen „Schornstein" aus Backpapier platzieren. Mit dem verquirlten Ei bestreichen. In den Ofen schieben und 30 Minuten backen.

VaRiAntE : STEAK & KIDNEY PUDDING

Statt Mürbeteig 2 Rollen Blätterteig verwenden: Mit der einen Teigrolle eine hohe, runde Auflaufform auslegen, die Füllung hineingeben und mit der anderen Blätterteigrolle bedecken. Einen „Schornstein" in die Mitte setzen und den Teig mit Eigelb bestreichen. Wie beschrieben backen: Das Ergebnis sollte um einiges höher und praller sein als bei der Pie!

*Als traditionelles Familiengericht ist Lamm mit Minzsauce aus der englische Küche nicht mehr wegzuden-
ken. Es handelt sich dabei schlicht um ein Stück Lammfleisch aus dem Ofen, das mit selbstgemachter* Fresh
Mint Sauce *serviert wird (siehe Rezept S. 22).*

LAMMKEULE MIT MINZSAUCE

FÜR 6 PERSONEN
ZUBEREITUNGSZEIT: 15 MINUTEN
GARZEIT: 30 MINUTEN

1 Lammkeule (1,5 kg)
Salz, Pfeffer
1 EL neutrales Speiseöl
50 g Butter
250 ml Minzsauce zum Anrichten

- Den Backofen auf 180 °C vorheizen.
- Die Lammkeule salzen und pfeffern. In einem Schmortopf in Öl und zerlassener Butter von allen Seiten anbraten, damit sie schön goldbraun wird.
- Das Lamm in eine feuerfeste Form geben. In den Ofen schieben und ca. 30 Minuten schmoren lassen.
- Mit der Minzsauce servieren.

B<small>EILAGEN</small>

500 g mehlig kochende Kartoffeln

120 ml *Devon Cream* (ersatzweise Crème Double)

50 g Butter

Salz, Pfeffer und/oder gemahlene Muskatnuss

KARTOFFELPÜREE

- Die Kartoffeln in der Schale ca. 20 Minuten im Wasserdampf garen.
- Pellen und anschließend mit einer Gabel grob zerdrücken.
- Die *Devon Cream* und die klein gewürfelte Butter untermischen. Salzen, pfeffern und/oder etwas Muskatnuss zugeben. Heiß servieren.

300 g frische Erbsen, enthülst

25 g Butter

3 Frühlingszwiebeln, in feine Ringe geschnitten

1 EL Lammfond

1 TL Mehl

Salz, Pfeffer

ERBSEN UND ZWIEBELN

- Die Erbsen im Wasserdampf garen oder in einem Topf mit kochendem Wasser blanchieren (ca. 10 Minuten); am Ende sollten sie noch schön knackig sein. Kurz in kaltem Wasser abschrecken.
- In einem Topf die Butter zerlassen und die Frühlingszwiebeln darin unter Rühren 10 Minuten dünsten. Lammfond und Mehl zugeben. Unter ständigem Rühren eine Mehlschwitze zubereiten und einen Moment bräunen lassen.
- Die Erbsen beimischen. 1 Glas Wasser zugießen, salzen und pfeffern. Warm halten.

2 große Pastinaken

Salz, Pfeffer

3 EL Mehl

150 ml neutrales Speiseöl

PASTINAKENCHIPS

- Die Pastinaken schälen und mit dem Gemüsehobel in dünne Scheiben schneiden.
- Die Pastinakenscheiben in einem Topf mit kochendem Wasser 1 Minute blanchieren. Abtropfen lassen und gründlich mit Küchenpapier abtupfen. Salzen und pfeffern. Leicht mit Mehl bestäuben.
- Öl in einer Pfanne erhitzen. Die Pastinakenscheiben darin 10 Minuten von allen Seiten goldgelb frittieren (falls es viele sind, portionsweise frittieren).

Zum Roastbeef in all seinen Varianten (Rippenstück, Filet, Steak etc.) – dem traditionellen englischen Sonntagsgericht – werden kleine, weiche Kuchen gereicht, die Yorkshire Puddings heißen. Und nicht vergessen: Das Ganze sollte mit einer schönen sämigen Bratensauce, der berühmten gravy, serviert werden!

RoastBeef

FÜR 6 PERSONEN
ZUBEREITUNGSZEIT: 2 MINUTEN
GARZEIT: 20 MINUTEN

2 EL neutrales Speiseöl
1 Rinderbraten (750 g)
Salz, Pfeffer

- Den Backofen auf 200 °C vorheizen.
- Eine feuerfeste Form mit etwas Öl einfetten.
- Den Braten in die Form geben und mit dem restlichen Öl bestreichen. Salzen und pfeffern.
- In den Ofen schieben und je nach Gewicht schmoren lassen: Für das erste Pfund (500 g) 15 Minuten ansetzen, dann 10 Minuten für jedes weitere Pfund zugeben (für einen 750-g-Braten bedeutet das: 15 + 5 Minuten). Den Braten von Zeit zu Zeit mit dem eigenen Saft beträufeln, damit er nicht austrocknet.
- Den Braten vor dem Aufschneiden 5 Minuten unter einem Stück Alufolie ruhen lassen, damit der Saft sich gleichmäßig im Fleisch verteilt.

BEILAGEN

FÜR 6 PERSONEN
ZUBEREITUNGSZEIT: 10 MINUTEN
BACKZEIT: 15 MINUTEN

200 ml Milch
120 g Mehl
1 Prise Salz
1 Ei
25 g Butter für die Förmchen

YORKSHIRE PUDDINGS

- Den Backofen auf 220 °C vorheizen.
- In einer Schüssel die Milch und 100 ml kaltes Wasser vermischen.
- Mehl und Salz durchsieben, in eine Schüssel geben und in der Mitte eine Mulde formen. Das verquirlte Ei hineingeben, dann nach und nach den Mix aus Wasser und Milch zugießen. Kräftig rühren, damit ein glatter Teig entsteht.
- 6 Muffinförmchen dick mit Butter einfetten. 5 Minuten in den Ofen schieben; sie sollten schön heiß sein.
- Den Teig auf die Förmchen verteilen, bis sie zu drei Vierteln gefüllt sind. 15 Minuten backen, damit der Teig gut aufgeht und schön goldbraun wird.
- Die *Yorkshire Puddings* zusammen mit dem *Roastbeef* und dem Bratensaft sofort servieren.

*Dies ist eines der uralten englischen Rezepte aus dem Mittelalter. Ursprünglich wurde es mit roten Wild-
pflaumen zubereitet, die später Viktoriapflaumen genannt wurden. Diese Variante mit Backpflaumen er-
möglicht es, das Gericht das ganze Jahr über zu kochen.*

ENTE mit
BACKPFLAUMENSAUCE

FÜR 6 PERSONEN
ZUBEREITUNGSZEIT: 15 MINUTEN
**GARZEIT: CA. 1 STUNDE (JE NACH
GRÖSSE DER ENTE)**

1 fette Ente (küchenfertig)

50 g Butter plus etwas Butter für die
Form

Salz, Pfeffer

2 milde Zwiebeln

300 g Backpflaumen, entsteint (oder
sehr reife Pflaumen)

Saft von 1 Orange

1 EL Worcestershire-Sauce

frische Erbsen oder Kartoffelpüree als
Beilage

- Den Backofen auf 200 °C vorheizen.
- Die Ente in eine dünn mit Butter eingefettete, feuerfeste Form
  geben. Salzen und pfeffern. In den Ofen schieben und 1 Stunde
  garen, dabei regelmäßig mit dem Bratensaft beträufeln.
- Die Pflaumenbeilage vorbereiten: Zwiebeln schälen und in dünne
  Scheiben schneiden. In einem Topf die Butter zerlassen. Die Zwiebeln darin auf kleiner Flamme andünsten. Wenn sie schön goldgelb
  sind, die halbierten Backpflaumen, den Orangensaft und die
  Worcestershire-Sauce zugeben. Umrühren und 5 Minuten bei
  geringer Hitze kandieren. Warm stellen.
- Die gegrillte Ente mit der Pflaumensauce servieren. Als Beilage
  frische Erbsen oder Kartoffelpüree reichen.

SAUCE AUS FRISCHEN PFLAUMEN

In der Pflaumensaison statt Backpflaumen rote Pflaumen verwenden (die noch annähernd fest sein sollten) und eine in sehr feine
Streifen geschnittene rote Zwiebel hinzufügen.

Im Jahr 1809 eröffnete in London das erste Curry House – ein original indisches Restaurant, das den Londonern die Gelegenheit bot, die indische Geschmacksvielfalt zu entdecken, ohne ein Schiff besteigen zu müssen. Königin Viktoria, die „Kaiserin von Indien", hatte sogar einen eigenen indischen Koch, der ihr zu ihrer großen Freude mehrmals in der Woche Currygerichte zubereitete.

Anfangs waren die Speisen nur leicht gewürzt, um den englischen Gaumen nicht zu verschrecken. Aber nach und nach haben die Engländer sich an die Schärfe gewöhnt. Heutzutage werden die Gerichte fast genauso scharf serviert wie in Indien. Für Exotik ist also gesorgt!

CHICKEN TIKKA MASALA

FÜR 4 PERSONEN
ZUBEREITUNGSZEIT: 30 MINUTEN
GARZEIT: 30 MINUTEN
MARINIERZEIT: 1 STUNDE

2 Becher Naturjoghurt

1 EL Gewürzmischung „Tikka Masala" (im Asia-Laden oder in Online-Shops erhältlich)

150 ml Zitronensaft

600 g Hühnerfleisch, in Stücke geschnitten (ohne Haut)

20 g Butter

1 Knoblauchzehe

1/2 TL Kreuzkümmelpulver

1/2 TL Paprikapulver

1 cm frische Ingwerwurzel, geschält und fein gerieben

Salz, Pfeffer

120 ml Tomatenpüree

250 ml Crème fraîche

1 EL frischer Koriander, fein gehackt

- Joghurt, Tikka-Masala-Gewürzmischung und Zitronensaft in einer Schüssel verrühren. Die Hühnerfleischstücke hineingeben, alles gut vermengen und 1 Stunde im Kühlschrank marinieren.

- Den Backofengrill vorheizen. Die Hühnerfleischstücke auf Bratspieße stecken. 5 Minuten von allen Seiten grillen.

- In einem Schmortopf die Butter zusammen mit der geschälten und zerdrückten Knoblauchzehe zerlassen. Kreuzkümmel, Paprika und Ingwer zugeben. Salzen und pfeffern. Tomatenpüree und Crème fraîche hinzufügen. 20 Minuten auf kleiner Flamme einkochen lassen.

- Die Hühnerspieße in den Schmortopf geben und weitere 10 Minuten garen.

- Vor dem Servieren den gehackten Koriander darüberstreuen. Als Beilage passt Basmatireis.

Biryani ist ein leckeres Gericht aus gewürztem Reis, das entweder mit Gemüse oder Fleisch serviert wird. Ursprünglich aus Persien stammend, hat es sich erst in Indien und dann weiter in Asien bis nach Malaysia ausgebreitet. Die englischen Kolonialherren haben es den Europäern im 18. Jahrhundert näher gebracht. Biryani ist in jedem indischen Restaurant in London (und anderswo) auf der Speisekarte zu finden.

VEgETARiSCHES BiRyani

FÜR 4 PERSONEN
ZUBEREITUNGSZEIT: 20 MINUTEN
GARZEIT: 40 MINUTEN

250 g Basmatireis

2 TL Gewürzmischung „Garam Masala"
(im Asia-Laden oder in Online-Shops
erhältlich)

1 Zwiebel

400 g gemischtes Gemüse (z. B.
Zucchini, Erbsen, dicke Bohnen,
Kartoffeln etc.)

50 g Butter

1 TL Knoblauch, fein gehackt

1 EL Ingwerpulver

1 Msp. rotes Chilipulver

1 Prise Kurkumapulver

1 Dose (300g) stückige Tomaten

300 ml Kokosmilch

40 g Rosinen

50 g Mandeln, geschält

- Den Reis in einem Topf mit kochendem Wasser, dem 1 Teelöffel Garam Masala beigefügt wurde, garen (ca. 10 Minuten). Abtropfen lassen und warm stellen.
- Die Zwiebel schälen und grob hacken.
- Das Gemüse waschen und in kleine Stücke schneiden.
- In einer Pfanne die Butter zerlassen; Knoblauch, Ingwer-, Chili- und Kurkumapulver zugeben. Unter Rühren kurz anrösten. 150 ml Wasser zugießen und leicht zum Köcheln bringen. Zwiebelstückchen, Gemüse, Tomaten und Kokosmilch untermischen. Ca. 20 Minuten weiterköcheln lassen, bis das Gemüse schön weich ist.
- Vom Herd nehmen und Rosinen, Mandeln und Reis hinzufügen. Das Ganze gut durchrühren und heiß servieren.

Das *Biryani* lässt sich gut mit einer Joghurtsauce servieren, die aus folgenden Zutaten angerührt wird: 2 Becher cremiger Naturjoghurt, 1 geschälte und gepresste Knoblauchzehe, 2 Esslöffel fein gehackter, frischer Koriander, 2 Esslöffel fein gehackte, frische Minze, Salz und Pfeffer.

VaRiAntE : BIRYANI MIT HUHN

Gesalzene und mit Garam Masala gewürzte Hühnerfleischwürfel in einer Pfanne in zerlassener Butter goldbraun braten. 10 Minuten vor Ende der Garzeit des Gemüses zur Gemüsemischung dazugeben. Getrocknete Früchte untermischen und servieren.

WALES

Das hügelige und sehr grüne Wales ist berühmt
für seine Schaf- und Ziegenzucht sowie für seine
klaren Quellen. Darüber hinaus kennt man Wales
noch wegen seines leckeren Käses – darunter der
köstliche Caerphilly –, der all dies in sich vereint.
Besuchen Sie das Food Festival von Abergavenny
und überzeugen Sie sich selbst von der Vielfalt
und dem kulinarischen Reichtum dieser Region!
Sie werden dort Meersalzproduzenten,
Austernzüchtern und Jägern begegnen, die sich
auf die Hasenjagd spezialisiert haben. Sie alle
werden Ihnen von den walisischen
Spezialitäten erzählen, die man beim
„swper chwarel" – dem walisischen Wort
für Abendessen – verzehrt.

Anders, als man vermuten könnte, handelt es sich beim Welsh Rabbit *nicht um ein walisisches Hasenrezept, sondern vielmehr um eine leckere, mit walisischem Käse überbackene Brotschnitte. Das Rezept stammt ursprünglich aus dem 18. Jahrhundert. In dieser Zeit entstand auch die Verschmelzung des Begriffs* rarebit *(kleines, seltenes Häppchen) mit* rabbit *(Kaninchen). Sie haben eben Humor, diese Waliser!* Welsh Rabbit *wird mit Caerphilly zubereitet, einem mandelfarbenen Kuhmilchkäse, dessen Konsistenz an Cheddar erinnert.*

WELSH RABBIT

FÜR 4 PERSONEN
ZUBEREITUNGSZEIT: 10 MINUTEN
BACKZEIT: 15 MINUTEN

5 EL dunkles Bier

5 EL Crème fraîche

1 TL Worcestershire-Sauce

250 g Caerphilly- oder Cheddarkäse, gerieben

1 TL milder Senf (z. B. die britische Marke Savora)

2 Eigelb

Salz, Pfeffer

4 dicke Brotscheiben (vorzugsweise *Bara Brith*, siehe Rezept unten)

4 Scheiben Bacon

- Das Bier in einen großen Topf geben und leicht zum Köcheln bringen. Auf die Hälfte einkochen lassen. Crème fraîche und Worcestershire-Sauce hinzufügen. Das Ganze nochmals auf die Hälfte einkochen.
- Den geriebenen Käse, den Senf und das Eigelb zur Sauce geben.
- Gut umrühren. Salzen und pfeffern.
- Den Backofengrill vorheizen.
- Auf jede Brotscheibe 1 Scheibe Bacon legen und darüber die Käse-sauce verteilen (die Schicht sollte in der Mitte 1 cm dick sein und zum Rand hin dünner werden, damit nichts heruntertropft).
- Die belegten Brotscheiben ca. 15 Minuten überbacken, bis der Käse schön zerlaufen ist.

BARA BRITH

FÜR 4 PERSONEN
ZUBEREITUNGSZEIT: 30 MINUTEN
BACKZEIT: 30 MINUTEN
RUHEZEIT DES TEIGES: 3 STUNDEN

10 g frische Backhefe oder 1 Tütchen Trockenhefe

150 ml lauwarme Milch

50 g brauner Zucker

500 g Mehl

1 TL Salz

1/2 TL Zimt- und Ingwerpulver, vermischt

75 g Butter, in kleine Würfel geschnitten

150 g Sultaninen und Korinthen

- Den Vorteig ansetzen: Die Hefe in lauwarmer (nicht heißer!) Milch auflösen. Braunen Zucker hinzufügen und den Teig 15 Minuten an einem wohltemperierten Ort gehen lassen.
- Das Mehl zusammen mit dem Salz und den Gewürzen durchsieben. Butterwürfel und Mehl mit den Händen zu Streuseln formen. Das Ganze in eine Schüssel geben. In die Mitte eine Mulde drücken, den Vorteig hineingeben und alles gründlich vermengen. Mit einem sauberen Geschirrtuch abdecken und an einem wohltemperierten Ort 1 Stunde 30 Minuten gehen lassen.
- Den Teig gut durchkneten, damit die Luftbläschen entweichen. Sorgfältig die Rosinen unterkneten. Den Teig zu einer Wurst for-men und in eine gebutterte Kuchenform legen. Erneut 1 Stunde 30 Minuten gehen lassen.
- Den Backofen auf 200 °C vorheizen. Das Früchtebrot 30 Minuten backen (mit Alufolie abdecken, falls es zu braun wird).

Das walisische Wort Cawl bedeutet „Suppe" oder „Brühe". Die Cawl-Rezepte variieren je nach Region, Familie und Fingerfertigkeit: Jeder fügt seine persönliche Note hinzu. Dieser Eintopf, der immer auf einer Mischung aus Schweinshaxe und Lammfleisch basiert, wird mit Kohl oder Lauch zubereitet – den einzigen beiden Gemüsesorten, die in Wales bis Mitte des 20. Jahrhunderts angebaut wurden. Er wird in einem gusseisernen Schmortopf gegart und köchelt 2 Stunden 30 Minuten am Rande des Herdes (der in früheren Zeiten mit Holz befeuert wurde). Aufgewärmt schmeckt er sogar noch besser.

CAWL

WALISISCHER EINTOPF

FÜR 4 PERSONEN
ZUBEREITUNGSZEIT: 20 MINUTEN
GARZEIT: 2 STUNDEN 30 MINUTEN

1 geräucherte Schweinshaxe

1 Lammkeule (200 g)

2 weiße Zwiebeln, in dünne Scheiben geschnitten

10 große Pfefferkörner

1 Bouquet garni

2 Knoblauchzehen, geschält und fein gehackt

1 Speiserübe

4 Möhren

1 Stange Lauch

1/4 Wirsingkohl

1 EL Petersilie, fein gehackt

- Fleisch, Zwiebeln, Pfeffer, Knoblauch und das Bouquet garni in einen Schmortopf geben. Mit kaltem Wasser bedecken. Langsam zum Kochen bringen. Das oben schwimmende Fett abschöpfen und das Ganze 1 Stunde 30 Minuten leicht köcheln lassen.
- Speiserübe und Möhren schälen. Den Lauch waschen und in dicke Scheiben schneiden. Den Kohl fein hacken.
- Das Gemüse in den Schmortopf geben und bei geringer Hitze 1 Stunde weitergaren.
- Mit der gehackten Petersilie bestreuen und servieren.

BEILAGEN

FÜR 4 PERSONEN
ZUBEREITUNGSZEIT: 15 MINUTEN
GARZEIT: 15 MINUTEN

2 Eier

1 weiße Zwiebel

400 g Kartoffeln

3 EL Mehl

Salz, Pfeffer

50 g Butter

KARTOFFELPUFFER MIT ZWIEBELN
- Die Eier verquirlen.
- Die Zwiebel schälen und fein hacken.
- Die Kartoffeln schälen und grob reiben.
- In einer Schüssel Kartoffeln, Zwiebelstückchen, Eier und Mehl vermengen. Salzen und pfeffern; das Ganze sollte am Ende recht kompakt sein.
- Die Butter in einer Pfanne zerlassen. Mit den Händen kleine Kartoffelpuffer formen und diese von beiden Seiten bei mittlerer Hitze 5 bis 8 Minuten goldbraun braten. Heiß verzehren.

IRLAND

Wegen des feuchten und reichhaltigen Bodens gedieh die Kartoffel, als sie auf europäischem Boden anlandete, in Irland besonders gut. Als Grundnahrungsmittel der irischen Küche, das sie bis heute geblieben ist, findet sie in den meisten herkömmlichen Gerichten Verwendung. Trotzdem wäre es ungerecht, die irische Küche nur auf dieses eine Nahrungsmittel zu reduzieren und als monoton abzutun, denn man darf auf keinen Fall die Schafzucht, die fischreichen Küstengebiete sowie die Hopfen- und Gerstenfelder außer Acht lassen… und damit die stews, Biere und Whiskeys! Hobbyköche aufgepasst: Auf den kommenden Seiten wird die irische Küche einige ihrer Geheimnisse preisgeben!

Irland ist nach Frankreich der zweitgrößte Austernproduzent in Europa. Um sich selbst einen Eindruck davon zu verschaffen, brauchen Sie sich bloß einmal am letzten Septemberwochenende nach Galway auf das Austernfestival zu begeben. Sie werden dort eine völlig andere Art der Austernverköstigung kennenlernen: mit einem dunklen Bier (stout) *natürlich!*

AUSTERN MIT SCHNITTLAUCH

FÜR 4 PERSONEN
ZUBEREITUNGSZEIT: 10 MINUTEN
BACKZEIT: 2 MINUTEN

2 Dutzend Austern

500 g grobkörniges Salz

50 g Süßrahmbutter

100 ml weißer Essig

50 ml Zitronensaft

einige Schnittlauchhalme

einige Petersilienstängel

- Die Austern öffnen und den Austernsaft beiseitestellen. Die Austern in einer feuerfesten Form auf ein Bett aus grobkörnigem Salz geben, damit sie stabil liegen.
- In einem Topf die Butter unter Zugabe des Essigs zerlassen und zum Kochen bringen. Sobald das Ganze eine sirupartige Konsistenz bekommt, den Zitronen- und den Austernsaft zugießen.
- Schnittlauch und Petersilie fein hacken. Zur Sauce hinzugeben.
- 1 Löffel Sauce über jede Auster geben. Unter dem Backofengrill 2 Minuten überbacken und sofort servieren.

AUSTERN IN KNUSPRIGER PANADE

FÜR 4 PERSONEN
ZUBEREITUNGSZEIT: 10 MINUTEN
GARZEIT: 5 MINUTEN

1 Ei

Salz, Pfeffer

8 große, fleischige Austern

50 g Mehl

50 g Kartoffelpüreepulver

50 g Butter

- In einer Schüssel das Ei verquirlen, salzen und pfeffern.
- Die Austern aus der Schale lösen und das „erste Wasser" abgießen.
- Die Austern gut abtupfen. In das verquirlte Ei tauchen, danach erst im Mehl und dann im Kartoffelpüreepulver wälzen.
- Die Butter in einer Pfanne zerlassen. Die Austern hineingeben und unter mehrmaligem Wenden 5 bis 6 Minuten anbraten, damit die Panade schön knusprig wird.
- Die panierten Austern in ihrer Schale anrichten und dazu eine einfache Kräutermayonnaise reichen.

Ursprünglich wurden Schafe in Irland nicht wegen des Fleisches, sondern in erster Linie wegen der Wolle gezüchtet. Nach ihrer Schlachtung verkauften die Züchter das Fleisch an den Meistbietenden und behielten die Knochen und die Stücke minderer Qualität für sich, die sie mit Kartoffeln und reichlich Gemüse zu einem Eintopf kochten. Auf diese Weise wurde das Irish Stew *geboren, dessen Verdienst es ist, ganz alltäglichen Gemüsesorten eine herzhafte Fleischnote zu verleihen.*

FÜR 4 PERSONEN
ZUBEREITUNGSZEIT: 30 MINUTEN
SCHMORZEIT: 1 STUNDE 30 MINUTEN

1 kg Kartoffeln

2 Möhren

1 Stange Lauch

3 Kohlblätter

2 Zwiebeln

50 g Butter

2 EL Öl

4 Lammkoteletts

400 g Lammnacken, in Würfel geschnitten

750 ml fettarme Rinderbrühe

Salz, Pfeffer

- Den Backofen auf 180 °C vorheizen.
- Das Gemüse putzen. Kartoffeln vierteln, Möhren in Scheiben und Lauch in Stücke schneiden. Die Kohlblätter grob zerhacken. Die Zwiebeln schälen und in Scheiben schneiden.
- In einem Schmortopf die Butter mit dem Öl zerlassen, darin das Fleisch bei starker Hitze von allen Seiten kräftig anbraten. Möhren, Kartoffeln, Lauch und Zwiebeln dazugeben. Rinderbrühe zugießen. Salzen und pfeffern.
- Den Schmortopf in den Ofen schieben und das Stew 1 Stunde garen lassen.
- Den Kohl hinzufügen und die Wassermenge überprüfen (falls nötig, Wasser nachgießen). Weitere 30 Minuten schmoren lassen. Sehr heiß servieren.

Ein großer Klassiker an Herbstabenden im Kreise der Familie ist Rindfleisch in Guinness®-Sauce, ein Fleischragout. Dazu passen ein schönes dunkles Bier, Colcannon und Soda Bread (siehe Rezept auf S. 70). Das Gericht ist einfach zuzubereiten, da es sich quasi von ganz alleine kocht. Aufgewärmt schmeckt es sogar noch besser.

RINDFLEISCH IN GUINNESS®-SAUCE

FÜR 6 PERSONEN
ZUBEREITUNGSZEIT: 20 MINUTEN
GARZEIT: 1 STUNDE 30 MINUTEN

6 Möhren
2 große Zwiebeln
1 kg Rindfleisch zum Schmoren
2 EL Mehl
50 g Butter
1 EL Olivenöl
100 ml trockener Cidre
250 ml Guinness®-Bier
Salz, Pfeffer
etwas Petersilie zum Garnieren

- Die Möhren schälen und in Scheiben schneiden. Die Zwiebeln schälen und grob hacken.
- Das Rindfleisch in Stücke schneiden, diese in Mehl wenden.
- In einem Schmortopf die Butter mit dem Olivenöl zerlassen. Die Fleischstücke darin bei starker Hitze von allen Seiten kräftig anbraten. Sobald sie schön goldbraun sind, auf einem Teller beiseitestellen.
- Die Zwiebeln im Schmortopf auf kleiner Flamme andünsten, bis sie glasig sind. Das Rindfleisch zurück in den Topf geben. Möhren, Cidre und Bier hinzufügen. Salzen und pfeffern. Zum Kochen bringen, dann bei geringer Hitze 1 Stunde 30 Minuten schmoren lassen.
- Die fein gehackte Petersilie über das Ragout streuen und mit Salzkartoffeln servieren.

BEILAGE

FÜR 6 PERSONEN
ZUBEREITUNGSZEIT: 20 MINUTEN
GARZEIT: 40 MINUTEN

600 g Kartoffeln der Sorte Bintje
1/2 Wirsingkohl
2 Frühlingszwiebeln
150 ml Milch
100 g Butter
Salz, Pfeffer

COLCANNON

- Die Kartoffeln schälen und 15 Minuten in Wasserdampf garen. Den Kohl ebenfalls 15 Minuten in Wasserdampf garen.
- Die Zwiebeln schälen und fein hacken.
- Die Kartoffeln und den Kohl mit der Gabel zerstampfen.
- Die Milch mit den Zwiebeln in einem Topf erhitzen und zum Kochen bringen. Das Kartoffel- und das Kohlpüree zugeben. Alles gut miteinander vermengen. Die Hälfte der Butter unterrühren. Salzen und pfeffern.
- Vor dem Servieren eine Mulde in das Gemüsepüree drücken und die restliche Butter hineingeben, damit sie langsam zergeht.

Ein irisches Sprichwort besagt, dass man seinen Gästen immer die allerfrischeste Speise und das am längsten gereifte Getränk vorsetzen sollte. Mit anderen Worten: Frisches Brot und Whiskey oder Bier – fertig ist das Menü! Zu Beginn des letzten Jahrhunderts waren die Hausfrauen also dazu angehalten, jeden Tag Soda Bread *in ihrem Ofen zu backen.*

Die Kreuzeinkerbung auf dem Soda Bread *hat übrigens keinen religiösen Hintergrund, wie man zunächst meinen könnte. Sie dient bloß dazu, das spätere Aufschneiden des Brotes in Viertel zu erleichtern.*

ERGIBT 1 BROT
ZUBEREITUNGSZEIT: 15 MINUTEN
BACKZEIT: 30 BIS 40 MINUTEN

300 g Weizenmehl

300 g Buchweizenmehl

1 TL Backpulver

1 TL Salz

500 ml Buttermilch (oder einfach Milch mit 2 EL Zitronensaft)

- Den Backofen auf 210 °C vorheizen.
- In einer Schüssel die beiden Mehlsorten, das Backpulver und das Salz zusammensieben. Eine Mulde formen und nach und nach die Buttermilch hineingießen.
- Den Teig mit den Händen kneten, um eine einheitliche Konsistenz zu bekommen (falls nötig, noch etwas Mehl oder Buttermilch hinzufügen). Der Teig darf nicht kleben.
- Aus dem Teig ein viereckiges Brot formen und auf das mit Mehl bestäubte Backblech legen. Das Brot mit einem leicht angefeuchteten Messer oder einer Schere an der Oberseite kreuzweise einschneiden. In den Ofen schieben und 30 bis 40 Minuten backen.
- Das lauwarme Brot mit Butter verzehren.

Wer mag, kann dem *Soda Bread* auch Leinsamen beimischen. Damit entfernt man sich zwar ein bisschen vom Originalrezept des Brotes, erhält dafür aber eine herrlich knackige Note!

SCHOTTLAND

In der schottischen Küche geht es sparsam zu: Sie
versteht es, das Beste aus diesem rauen, urwüchsigen
Land zu machen, das sich einem kühlen und
regnerischen Klima ausgesetzt sieht. Die aus
Getreide (wie Hafer und Gerste) und Gemüse
(z. B. Lauch und Kohl) zubereiteten Suppen und
Eintöpfe sind die großen schottischen Küchenklassiker. Sie werden entweder mit Trockenfleisch
oder Räucherfisch abgerundet, je nachdem, ob man
sich in einer Jagdregion oder einem Fischerdorf
im Norden befindet. Aber auch Schottlands
Viehzucht – die berühmten Aberdeenrinder oder
die schwarzen Schafe – sollte man nicht außer
Acht lassen. Die schottischen Reichtümer
zeigen sich einem nicht auf den ersten Blick –
man muss sie sich auf dem Umweg über die
zerklüfteten Landschaften und die Menschen in
diesem kargen Land erst nach und nach erschließen.
Und war es nicht auch Schottland, das der Welt den
Whisky, das „Wasser des Lebens", geschenkt hat?

Diese Suppe, die aus dem 16. Jahrhundert stammt, wird üblicherweise als Vorspeise am Abend des St. Andrew's Day oder der Burns Night (siehe Haggis-Rezept auf S. 76) serviert.

COCK-A-LEEKIE

HÜHNERSUPPE MIT LAUCH UND BACKPFLAUMEN

FÜR 4 PERSONEN
ZUBEREITUNGSZEIT: 20 MINUTEN
GARZEIT: 3 STUNDEN

300 g Lauch

300 g Hähnchenbrustfilets, in Stücke geschnitten

1 l Geflügelbrühe

1 Bouquet garni

25 g Reis

6 Backpflaumen, entsteint

Salz, Pfeffer

1 Stängel glatte Petersilie

- Den Lauch putzen und in Scheiben schneiden.
- Die Hähnchenstücke in der Geflügelbrühe 1 Stunde leicht köcheln lassen.
- Den Lauch und das Bouquet garni zugeben. Erneut zum Kochen bringen, dann 1 Stunde 30 Minuten weiterköcheln lassen (etwas Wasser angießen, falls die Brühe weniger werden sollte).
- Hähnchenstücke und Bouquet garni entfernen. Reis und Backpflaumen in den Topf geben. 20 Minuten bei mittlerer Hitze kochen lassen.
- Das Hühnerfleisch in dünne Scheiben schneiden und in der Suppe ein paar Minuten aufwärmen.
- Die Suppe salzen, pfeffern und mit gehackter Petersilie bestreut servieren.

COCK-A-LEEKIE PIE

Ideal als Resteverwertung einer *Cock-a-Leekie*-Suppe! Die Suppe auf kleiner Flamme etwas einkochen lassen, damit sie dickflüssiger wird. Eine hohe, runde Backform mit Mürbeteig auslegen.
Darauf die Suppe geben und mit einem zweiten Mürbeteig bedecken. In die Mitte einen „Schornstein" aus Backpapier stecken. Den Teig mit verquirltem Ei bestreichen. 30 bis 40 Minuten (je nach Größe der Pie) im auf 180 °C vorgeheizten Backofen backen.

Für gewöhnlich wird der Haggis am 25. Januar anlässlich des Burns Supper gegessen. Hierbei handelt es sich um ein Gedenkfest zu Ehren des am 25. Januar 1759 geborenen Dichters Robert Burns, dessen Gedicht The Address to the Haggis eine Ode an den Haggis ist. Bei diesem Dinner wird der Haggis von Männern in traditionellen Schottenröcken an den Tisch gebracht, während im Hintergrund der Dudelsack spielt.
Heutzutage bereitet niemand mehr seinen eigenen Haggis zu – er ist viel zu schwer zu kochen; man kauft ihn eher fertig beim Metzger. Für den Fall, dass Sie sich trotzdem auf das Abenteuer einlassen wollen, folgt hier das Rezept!

SCOTTISH HAGGIS

GEFÜLLTER SCHAFSMAGEN

FÜR 8 PERSONEN
ZUBEREITUNGSZEIT: 30 MINUTEN
GARZEIT: 3 STUNDEN
EINWEICHZEIT: 1 NACHT

1 Schafsmagen

Schafsinnereien: Herz, Leber, Nieren

250 g Lammschulter, entbeint

150 g Haferflocken

2 Zwiebeln

100 g Schafsnierenfett oder Schweineschmalz

150 ml fettarme Rinderbrühe

Salz, Pfeffer

Cayennepfeffer

- Den Schafsmagen in kaltem Wasser gründlich abspülen, dann eine ganze Nacht lang einweichen. Am nächsten Morgen herausnehmen, gut abtrocknen und „auf links drehen".
- Die Innereien und die Lammschulter in reichlich kochendem Salzwasser 15 Minuten garen. Abkühlen lassen und in kleine Stücke schneiden.
- In einer Pfanne die Haferflocken 5 Minuten auf großer Flamme rösten und dabei regelmäßig umrühren.
- Die Zwiebeln schälen und grob hacken.
- Fleisch, Zwiebeln und geröstete Haferflocken mit dem Fett und der Brühe vermischen. Mit Salz, Pfeffer und einer Messerspitze Cayennepfeffer abschmecken.
- Den Schafsmagen zu zwei Dritteln mit diesem Mix füllen (er wird sich noch ausdehnen). Den Magen fest mit Küchengarn zunähen, dabei sämtliche Luftblasen entweichen lassen.
- Den gefüllten Magen in einen Topf mit kochendem Salzwasser geben und 3 Stunden garen.
- Den *Haggis* aufgeschnitten mit *Neeps and Tatties* servieren.

BEILAGE

NEEPS AND TATTIES

Hierbei handelt es sich um die Beinamen für Speiserüben und Kartoffeln. Sie sind die typischen Beilagen zum *Haggis* und werden oft als Püree serviert. Für eine perfekte Verkostung dieses Gerichtes soll man, so will es die Tradition, auf seiner Gabel ein wenig *Haggis* zusammen mit etwas *Neeps and Tatties* aufspießen und dann das Ganze mit einem Schluck Whisky hinunterspülen.

Dieses Rezept stammt aus Cullen, einem kleinen Fischereihafen im Nordwesten Schottlands. Auf Gälisch – der Regionalsprache vor Ort – bedeutet das Wort skink *„Suppe".*

CULLEN SKINK

SCHELLFISCHSUPPE AUS CULLEN

ZUBEREITUNGSZEIT: 15 MINUTEN
PLUS 1 NACHT ZUM ENTSALZEN
GARZEIT: 15 MINUTEN

300 g geräucherte Schellfischfilets
200 ml Milch
1 Zwiebel
1 Stange Staudensellerie
50 g Butter
750 ml Fischsud
200 g Kartoffeln, geschält und in Würfel geschnitten
1 Lorbeerblatt
3 EL Crème fraîche
Salz, Pfeffer
1 EL Petersilie, fein gehackt

- Am Vorabend den Schellfisch im Kühlschrank in der Milch entsalzen.
- Am nächsten Tag die Zwiebel schälen und fein hacken. Den Sellerie in dünne Scheiben schneiden.
- Die Butter in einem Topf zerlassen, Zwiebel und Sellerie darin bei mittlerer Hitze unter Rühren 5 Minuten goldbraun braten. Anschließend bei geschlossenem Deckel weitere 5 Minuten auf mittlerer Flamme garen. Fischsud, Kartoffeln, Lorbeerblatt und Schellfisch zugeben. Leicht zum Köcheln bringen und 15 Minuten ziehen lassen.
- Den Schellfisch vorsichtig herausnehmen, die Haut abziehen und den Fisch entgräten.
- Die Suppe mit dem Stabmixer fein pürieren. Crème fraîche hinzufügen, salzen, pfeffern und gut umrühren. Den zerfaserten Schellfisch beimischen.
- Das Ganze ein paar Minuten erhitzen. Mit der gehackten Petersilie bestreuen und sofort servieren.

BEILAGE

TATTIES SCONES

ERGIBT 6 BIS 8 SCONES
ZUBEREITUNGSZEIT: 10 MINUTEN
GARZEIT: 15 MINUTEN

500 g Kartoffelpüree
100 ml Milch
100 g Mehl
Salz, Pfeffer
1 EL Öl

- In einer Schüssel Püree, Milch und Mehl vermischen. Salzen und pfeffern.
- Teigkugeln von ca. 3 cm Durchmesser formen. Ausrollen, bis sie ungefähr 3 mm dick sind. Daraus Kreise mit 10 cm Durchmesser formen und in Viertel schneiden.
- Etwas Öl in eine Pfanne gießen und mit Küchenpapier verteilen. Die Teigviertel auf jeder Seite 5 bis 8 Minuten bei mittlerer Hitze anbraten, damit sie schön goldbraun werden.
- Die lauwarmen Scones zusammen mit der *Cullen Skink*-Suppe (oder schlicht mit Butter) servieren.

Die Jagd ist eines der beliebtesten Freizeitvergnügen in Schottland, wo alles noch sehr naturbelassen und die Artenvielfalt beim Wild groß ist. Die königliche Familie geht daher meistens dort auf große Jagd nach Fasanen, Hirschen und Wildschweinen.
In der Gegend rund um Aberdeen findet man die meisten wilden Fasane. Von dort stammt auch das Rezept zu diesem süß-salzigen Eintopf, der überaus köstlich ist.

GESCHMORTER FASAN

FÜR 4 PERSONEN
ZUBEREITUNGSZEIT: 40 MINUTEN
GARZEIT: 2 STUNDEN 30 MINUTEN

50 g Rosinen

150 ml Cidre

1 Möhre

2 Stangen Staudensellerie

1 Fasan (1,2 kg), in Stücke geschnitten

Salz, Pfeffer

300 ml fettarme Geflügelbrühe

1 Zwiebel

2 saure Äpfel der Sorte Granny Smith

2 EL Mehl

50 g Butter

150 ml Sahne

1 Apfel der Sorte Golden Delicious

- Die Rosinen im Cidre einweichen.
- Die Möhre schälen und in Scheiben schneiden, ebenso die Selleriestangen.
- Die gesalzenen und gepfefferten Fasanenstücke in einen Topf geben. Mit der kalten Brühe bedecken. Möhren- und Selleriescheiben hinzufügen. Zum Kochen bringen und 1 Stunde köcheln lassen.
- Die Zwiebel schälen und in dünne Ringe schneiden. Die sauren Äpfel schälen und in kleine Würfel schneiden.
- Die Fasanenstücke herausnehmen, trocken tupfen und in Mehl wenden.
- In einer Pfanne die Butter zerlassen und die Fasanenstücke darin bei starker Hitze von allen Seiten scharf anbraten, bis sie schön braun sind. Auf einem Teller beiseitestellen.
- Zwiebel und Apfelwürfel in die Pfanne geben und 10 Minuten bei mittlerer Hitze kandieren. Falls noch Mehl übrig ist, damit bestäuben und erneut ein paar Minuten goldbraun braten. Rosinen, Cidre und 450 Milliliter Wasser hinzufügen. Die Fasanenstücke wieder hinzugeben und das Ganze zugedeckt auf kleiner Flamme etwa 1 1/2 Stunden köcheln lassen, bis das Fleisch ganz zart ist (falls die Sauce nicht sämig genug ist, die Fasanenstücke herausnehmen und die Sauce etwas einkochen lassen).
- Die Sahne in die Pfanne gießen und umrühren. Falls nötig, mit Salz und Pfeffer abschmecken.
- Den Golden Delicious schälen und in dünne Scheiben schneiden. Zusammen mit dem Fasan servieren.

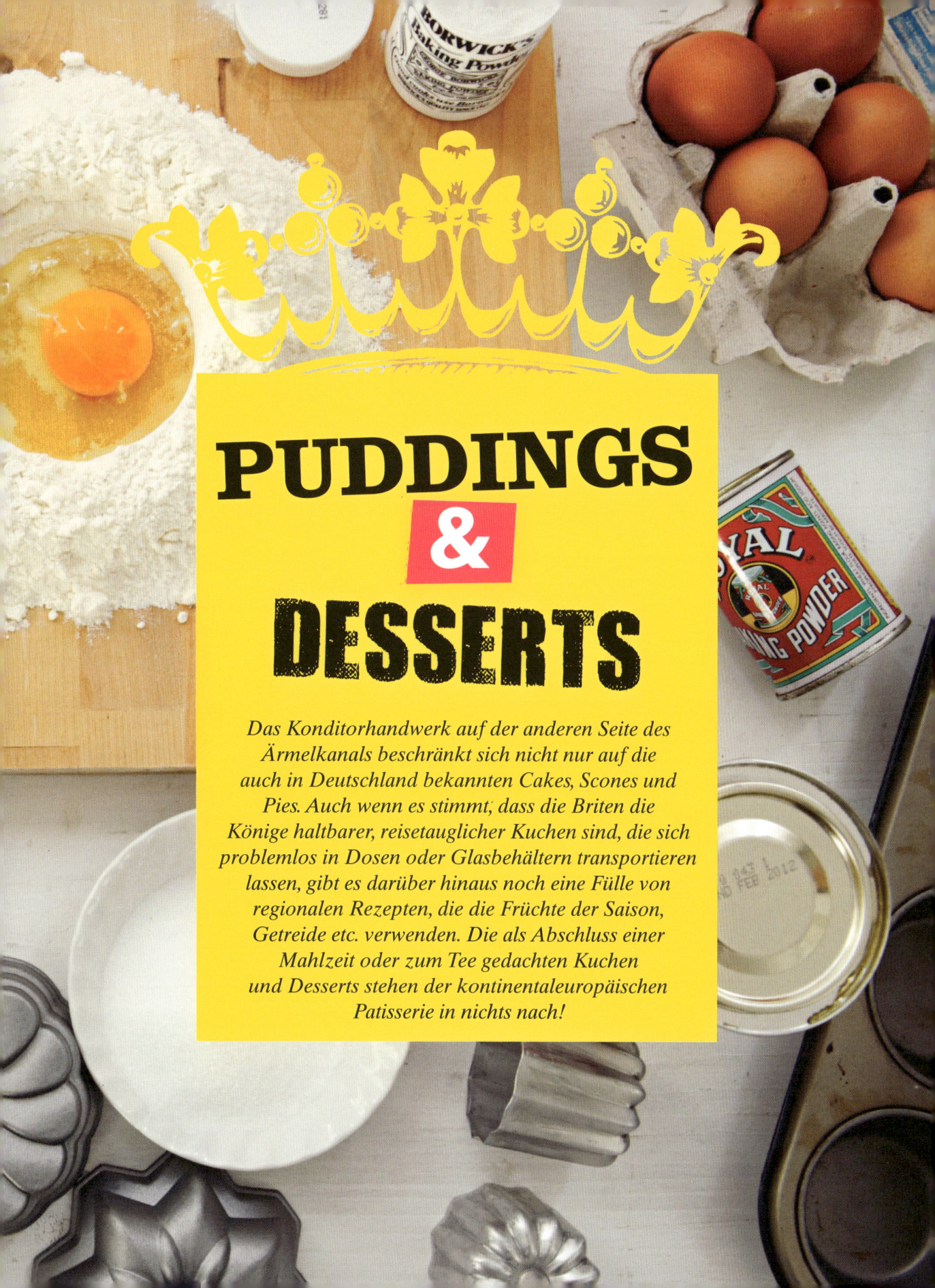

PUDDINGS

& DESSERTS

Das Konditorhandwerk auf der anderen Seite des Ärmelkanals beschränkt sich nicht nur auf die auch in Deutschland bekannten Cakes, Scones und Pies. Auch wenn es stimmt, dass die Briten die Könige haltbarer, reisetauglicher Kuchen sind, die sich problemlos in Dosen oder Glasbehältern transportieren lassen, gibt es darüber hinaus noch eine Fülle von regionalen Rezepten, die die Früchte der Saison, Getreide etc. verwenden. Die als Abschluss einer Mahlzeit oder zum Tee gedachten Kuchen und Desserts stehen der kontinentaleuropäischen Patisserie in nichts nach!

Von diesem großen Klassiker ist immer als Erstes die Rede, wenn es um englische Nachspeisen geht. Die homemade-Version ist köstlich (doch, wirklich!), erfrischend und bestens geeignet, um von den saisonalen Früchten Kents oder Dorsets zu profitieren. Man braucht bloß ein wenig Geduld, wenn es daran geht, die Götterspeise aus der Form zu lösen. Für Junkfood-Freaks interessant: In englischen Supermärkten gibt es Jelly auch als Fertigprodukt zu kaufen.

GÖTTERSPEISE MIT BEERENOBST UND APFEL

FÜR 6 PERSONEN
ZUBEREITUNGSZEIT: 15 MINUTEN
GARZEIT: 5 MINUTEN
RUHEZEIT: 3 STUNDEN

6 Blätter Gelatine
800 g frische Früchte (z. B. Himbeeren, Brombeeren, Erdbeeren, Johannisbeeren)
600 ml Bio-Apfelsaft

- Die Gelatineblätter 10 Minuten in einer Schüssel mit kaltem Wasser einweichen.
- Die Früchte waschen und entstielen. Erdbeeren vierteln.
- In einem Topf den Apfelsaft erhitzen. Die ausgedrückte Gelatine hinzufügen und unter Rühren im Apfelsaft auflösen. Abkühlen lassen.
- Die Früchte auf 6 kleine Förmchen (Ramequins) verteilen und mit dem abgekühlten, aber noch flüssigen Gelee überziehen. Mindestens 3 Stunden im Kühlschrank fest werden lassen.
- Die Förmchen in eine Schüssel geben und dort eine Zeit lang in heißem Wasser baden. Dann die Jellys aus den Förmchen lösen und auf kleine Teller stürzen.

VARIANTE : SPACIG GRÜNES JELLY FÜR KINDER

- Die Früchte der Saison durch exotische Früchte mit auffälligen Farben ersetzen (Kiwi, Drachenfrucht, Mango, Ananas …). In dicke Scheiben schneiden und anschließend mit Ausstechförmchen kleine Sterne, Monde etc. ausstechen.
- In den Apfelsaft einige Tropfen grüne Lebensmittelfarbe geben und die Sache ist geritzt!

Die Geschichte dieses Kuchens reicht bis ins Jahr 1860 zurück. Sie ereignete sich in Derbyshire, einer Grafschaft im Norden Englands, genauer gesagt im White Horse Hotel in Bakewell. Dort soll ein Missgeschick passiert sein: Ein Messfehler beim Abwiegen der Zutaten und Bestimmen der Garzeit führte dazu, dass der Bakewell-Mandelpudding entstehen konnte. Heutzutage trifft man den Bakewell Pudding *häufiger in seiner Kuchenvariante an, deren Zubereitung ein Kinderspiel ist. Versuchen Sie sich doch auch einmal daran!*

BAKEWELL TART

MANDELKUCHEN

FÜR 6 BIS 8 PERSONEN
ZUBEREITUNGSZEIT: 20 MINUTEN
BACKZEIT: 45 MINUTEN

200 g Blätterteig

125 g weiche Butter

125 g Streuzucker

2 Eier plus 2 Eigelb

80 g gemahlene Mandeln

80 g Himbeermarmelade (oder Brombeermarmelade)

- Den Backofen auf 180 °C vorheizen.
- Eine flache, runde Kuchenform mit dem Blätterteig auslegen und mit einer Gabel einstechen. Im Kühlschrank kalt stellen.
- In einer Schüssel die Butter mit dem Zucker verrühren. Ganze Eier und Eigelb sowie die Hälfte der Mandeln hinzufügen. Mit dem Handrührgerät ein paar Minuten rühren, bis sich eine homogene Masse gebildet hat.
- Den abgekühlten Blätterteig aus dem Kühlschrank nehmen und mit der Marmelade bestreichen, danach mit den restlichen Mandeln bestreuen. Darüber die Eimasse verteilen.
- In den Ofen schieben und 45 Minuten backen. Vor dem Verzehr abkühlen lassen.
- Den Kuchen mit Crème fraîche oder Englischer Creme servieren.

Der Crumble soll eine kulinarische Erfindung aus dem Zweiten Weltkrieg sein. Da es zu dieser Zeit in London an allem mangelte und die Hausfrauen nicht immer über genügend Zutaten verfügten, um einen richtigen Cake *zu backen, mussten sie sich mit dem behelfen, was gerade zur Verfügung stand – Mehl, Butter, Zucker, Obst … Folglich variierte der Crumbleteig von Tag zu Tag, je nachdem, welche Zutaten man auftreiben konnte. Manche behaupten sogar, er habe mitunter bloß aus altbackenem Brot bestanden, das man über die Früchte krümelte.*

APFEL-HIMBEER-CRUMBLE

FÜR 4 PERSONEN
ZUBEREITUNGSZEIT: 20 MINUTEN
BACKZEIT: 25 MINUTEN

2 kleine Äpfel der Sorte Golden Delicious

200 g frische (oder tiefgefrorene) Himbeeren

Für den Crumbleteig:

80 g leicht gesalzene Butter

80 g Mehl

50 g brauner Zucker

80 g gemahlene Mandeln

- Den Backofen auf 180 °C vorheizen.
- Die Äpfel schälen und in kleine Würfel schneiden. Die frischen Himbeeren kurz abspülen und halbieren. Den Himbeersaft aufheben. Die Früchte und den Saft in eine feuerfeste Form geben.
- In einer Schüssel die klein gewürfelte Butter, das Mehl, den Zucker und die Mandeln mit den Händen zu Streuseln kneten. Streusel über die Früchte verteilen.
- In den Ofen schieben und 25 Minuten backen. Vor dem Verzehr abkühlen lassen.

WALDFRÜCHTE-CRUMBLE MIT PFEFFER

Die Himbeeren durch Brombeeren und Blaubeeren ersetzen.
In den Teig eine große Prise grob zerstoßene, schwarze Pfefferkörner geben.

APFEL-BIRNEN-CRUMBLE MIT SCHOKOLADENNOTE

Anstelle der Himbeeren Birnen verwenden. Für den Teig: 40 g gemahlene Mandeln durch 30 g zuckerfreies Kakaopulver ersetzen.

PFLAUMEN-CRUMBLE MIT ZIMT UND INGWER

Die Himbeeren durch kleine saure Pflaumen ersetzen. Unter den Teig je eine Prise Zimt- und Ingwerpulver mengen.

Das Rezept des Trifle *stammt aus dem 18. Jahrhundert, das unter der Herrschaft der Könige Georg I., II. und III. stand. Damals beschäftigten die englischen Aristokraten und der Hof Küchenchefs aus Frankreich und Italien. Das* Trifle *ist das Resultat all dieser Einflüsse: Biskuitkuchen aus Savoyen oder Genueser Masse, Obst aus Kent, englischer* Custard *(siehe Rezept S. 26) und* Crème Chantilly. *Die Schichtspeise wurde in einer großen Glasschüssel zubereitet, die man in die Mitte des Tisches stellte und die sich die Gäste teilten.*

TRIFLE MIT GELBEM OBST

FÜR 6 PERSONEN
ZUBEREITUNGSZEIT: 20 MINUTEN
GAREN NICHT ERFORDERLICH

500 ml Sahne

50 g Mandelblättchen

1 Genueser Masse (oder 1 normaler (Fertig-) Biskuitteig)

2 gelbe Pfirsiche

4 Aprikosen

2 Birnen

500 ml *Custard* (Englische Creme)

30 g Streuzucker

- Die Sahne in eine Schüssel geben und 20 Minuten in den Kühlschrank stellen.
- Die gehobelten Mandeln in einer Pfanne ohne Fett unter Rühren leicht anrösten.
- Die Genueser Masse in Würfel schneiden und diese zuunterst in die 6 Dessertgläser geben.
- Das Obst schälen und in ungleichmäßige Stücke schneiden. Auf die Genueser Masse geben. Darüber den *Custard* verteilen.
- Die kühle Sahne unter Zugabe des Zuckers steif schlagen.
- Die Schlagsahne als oberste Schicht in die Dessertgläschen füllen. Mit den Mandelblättchen bestreuen und servieren.

VARIANTE: TRIFLE NACH ITALIENISCHER ART ODER ZUPPA INGLESE

Anstelle der Genueser Masse mit Kirsch- oder Bittermandellikör getränkte Amaretti verwenden. Darüber den *Custard* gießen und mit Amarenakirschen belegen. Die letzte Schicht besteht aus Schlagsahne und Mandelblättchen.

Diesen Hefekuchen nach irischer Machart gibt es auch in ganz ähnlicher Form in Schottland, wo er Selkirk Bannock *genannt wird, und in Wales, wo er unter dem Namen* Bara Brith *bekannt ist. Normalerweise wird er an Halloween gegessen.*

In früheren Zeiten diente der Kuchen auch dazu, die Zukunft vorherzusagen. Man konnte nämlich kleine Dinge im Teig mitbacken: z. B. eine trockene Erbse, eine kleine Geldmünze oder einen Ring. Derjenige, der das versteckte Objekt dann fand, bekam eine Vorstellung davon, was ihm im nächsten Jahr ins Haus stand – Armut oder Reichtum!

BARM BRACK

IRISCHER HEFEKUCHEN

FÜR 6 PERSONEN
ZUBEREITUNGSZEIT: 20 MINUTEN
BACKZEIT: 30 MINUTEN
GEHZEIT DES TEIGS: 2 STUNDEN
40 MINUTEN

10 g frische Hefe (oder 1 Tütchen Trockenhefe)

100 ml lauwarme Milch

220 g Mehl

50 g Streuzucker plus 1 EL zum Bestreichen

1 Prise Salz

1 Ei

40 g kandierte Orangen und Zitronen

80 g Rosinen

25 g Butter für die Form

- Die Hefe in 2 Esslöffeln warmer Milch auflösen.
- Mehl, Zucker und Salz in einer Schüssel vermischen.
- Eine Mulde formen und das verquirlte Ei, die aufgelöste Hefe und die restliche Milch hineingeben. Alle Zutaten gut miteinander vermengen. Den Teig durchkneten und danach bei Zimmertemperatur 2 Stunden gehen lassen (sein Volumen muss sich verdoppeln).
- In Würfel geschnittene, kandierte Zitrusfrüchte und Rosinen zugeben, dann den Teig erneut kurz durchkneten, damit die Luftbläschen entweichen.
- Den Teig in eine gebutterte Backform füllen und noch einmal 40 Minuten gehen lassen.
- Den Backofen auf 180 °C vorheizen.
- 1 Esslöffel Zucker in 1 Esslöffel heißem Wasser auflösen und damit den Teig bestreichen. Den Kuchen in den Ofen schieben und 30 Minuten backen.

Hierbei geht es um das englische Pendant zu unseren Armen Rittern – oder um die Kunst, altbackenes Brot oder Hefegebäck zu „recyceln", damit man es nicht wegwerfen muss. Selbstverständlich können Sie auch frische Zutaten verwenden, das Ergebnis wird dadurch nur noch besser!

BREAD & BUTTER PUDDING

BROTPUDDING MIT BUTTER

FÜR 6 PERSONEN
ZUBEREITUNGSZEIT: 15 MINUTEN
BACKZEIT: 45 MINUTEN
RUHEZEIT: 30 MINUTEN

50 g Butter plus Butter für die Form

50 g gemischte Trockenfrüchte
(z. B. Sultaninen, Aprikosen, Feigen)

6 Scheiben helles Toastbrot

40 g Streuzucker

2 Eier

600 ml Vollmilch

1 TL flüssiger Vanilleextrakt oder
1 Prise Zimt

Crème fraîche zum Anrichten

- Eine Gratinform einfetten.
- Das Trockenobst grob hacken.
- Die Toastscheiben dick mit Butter bestreichen. Jede Scheibe in 4 Dreiecke schneiden. Die Hälfte der Scheiben in die Form geben und versetzt anordnen. Mit dem gehackten Trockenobst bedecken. Darüber die eine Hälfte des Zuckers streuen. Die letzte Schicht bilden die restlichen Toasts. Mit der anderen Hälfte des Zuckers bestäuben.
- Eier und Milch in einer Schüssel verquirlen. Vanilleextrakt (oder den Zimt) hinzufügen. Den Mix in die Form gießen und das Brot darin 30 Minuten einweichen lassen.
- Den Backofen auf 160 °C vorheizen.
- Die Gratinform in den Ofen schieben und 45 Minuten backen, bis der Pudding an der Oberseite schön goldbraun ist.
- Mit Crème fraîche servieren.

VARIANTE : CRUMPETS & BUTTER PUDDING

Auf diese Weise können alle Arten von Brot und Hefegebäck wiederverwertet werden. Das gilt auch für *Crumpets* (siehe Rezept S. 106). Sie werden in der Mitte aufgeschnitten, damit das Ganze nicht zu trocken gerät – etwas mehr Milch hinzufügen, denn sie können sehr viel Flüssigkeit aufnehmen. Zu dieser Variante passen auch pikantere Gewürze wie geriebene Muskatnuss, Ingwerpulver oder Safran.

Dieser Dessertklassiker von der anderen Seite des Ärmelkanals ist ein Leckerbissen, der einen vom Hocker reißt: Der Kuchen macht äußerlich eigentlich nicht viel her, ist aber ein echter Hochgenuss! Wenn man ihn mit Custard (siehe Rezept S. 26) oder Schlagsahne bestreicht, schmeckt er sogar noch besser …
Fans werden ihn problemlos in der Version „fertig zum Mitnehmen" finden, denn den Kuchen gibt es in englischen Supermärkten auch in Konservendosen. Kaum zu glauben, oder? Aber für dieses homemade-Rezept lohnt es sich wirklich, etwas Zeit in der Küche zu verbringen.

STEAMED PUDDING

GEDÄMPFTER PUDDING

FÜR 6 PERSONEN
ZUBEREITUNGSZEIT: 20 MINUTEN
GARZEIT: 1 STUNDE 30 MINUTEN

200 g weiche Butter plus Butter für die Form

200 ml Agaven-, Ahorn-, Maissirup oder flüssiger Honig

200 g Streuzucker

4 Eier

4 EL Milch

abgeriebene Schale einer unbehandelten Zitrone

300 g Mehl

1 Tütchen Backpulver

- Eine hohe, runde Auflaufform einfetten. Sirup hineingeben und über die Seitenränder verteilen.
- In einer Schüssel die Butter und den Zucker mit dem Schneebesen schaumig rühren. Unter Rühren nacheinander die Eier hinzufügen. Erst die Milch und dann die Zitronenschale untermischen.
- Mehl und Backpulver sieben. Zum Butter-Ei-Mix geben und dabei mit einem Teigschaber gut umrühren.
- Den Teig in die Form füllen. Obenauf lose ein Blatt Backpapier legen, aber noch ein bisschen Platz lassen, damit der Kuchen aufgehen kann. Danach mit Alufolie abdecken. Mit Küchengarn festbinden, damit alles schön straff sitzt.
- Die Form in ein Dampfgargerät setzen und ca. 1 Stunde 30 Minuten garen (nicht vergessen, den Wasserstand zu überprüfen).
- Den Kuchen aus dem Dampfgarer holen und vor dem Öffnen 5 Minuten ruhen lassen. Aus der Form direkt auf die Servierplatte geben.

Weitere mögliche Dampfgarmethoden:

- Im Schnellkochtopf: 25 Minuten auf Garstufe 1.
- In einer hermetisch verschlossenen Tajine (nicht vergessen, bei Bedarf Wasser nachzufüllen): 1 Stunde 30 Minuten.
- Im Topf, auf einer umgedrehten, in der Mitte platzierten Schale. Den Topf mit Wasser füllen, die Form auf die Schale setzen und wasserdicht verschließen. 1 Stunde 30 Minuten garen.

Je nach Zubereitungsart Garzeit überprüfen: Der *Steamed Pudding* muss sich leicht nach oben wölben und prall sein, damit er innen ausreichend gar ist.

Dieser reisetaugliche Kuchen mit kandierten Früchten und Mandeln ist in ganz Großbritannien bekannt. Es heißt, das allererste Mal wurde er im 19. Jahrhundert in Dundee in Schottland gebacken, bevor er anschließend von einer berühmten Marke dazu benutzt wurde, um für deren Orangenmarmelade zu werben (die natürlich sehr gut zu dem Kuchen passt!). An Weihnachten wird er auch mit einem Whisky-Grog mit Zitrone und Zimt serviert.

DUNDEE CAKE

FÜR 4 BIS 6 PERSONEN
ZUBEREITUNGSZEIT: 20 MINUTEN
BACKZEIT: 40 MINUTEN

125 g leicht gesalzene Butter plus
Butter für die Form

180 g Mehl plus Mehl für die Form

50 g Rosinen

40 g kandierte Orangenschalen

150 ml Whisky

180 g brauner Zucker

3 Eier

1/2 Tütchen Backpulver

2 gestrichene EL Pimentpulver

10 kandierte Kirschen

fein abgeriebene Schale von
1 unbehandelten Zitrone

Saft von 1 Orange

40 ganze Mandeln, geschält

- Den Backofen auf 180 °C vorheizen.
- Eine hohe, runde Auflaufform einfetten und mit Mehl bestäuben.
- Rosinen und in Würfel geschnittene, kandierte Orangenschalen in 3 Esslöffeln Whisky einweichen.
- In einer Schüssel den braunen Zucker und die Eier verquirlen. Mehl, Backpulver und Piment hinzufügen. Alles gut miteinander vermengen.
- Die Butter zerlassen und unter Rühren in den Teig geben. Rosinen, Orangenwürfel, kandierte Kirschen, Zitronenschalen und den Orangensaft hinzufügen. Gründlich umrühren.
- Den Teig in die Form geben. Die geschälten Mandeln rosettenartig auf dem Kuchen anordnen. In den Ofen schieben und ca. 40 Minuten backen.
- Den Kuchen beim Herausholen mit dem restlichen Whisky beträufeln. Aus der Form nehmen und vor dem Verzehr komplett abkühlen lassen.

WHISKY MIT ZITRONE

Den *Dundee Cake* mit einem Glas Whisky-Grog servieren, der mit einer dünnen, unbehandelten Zitronenscheibe sowie einer Prise Zimt im Topf erhitzt wird.

TEATIME

Ganz egal, ob es sich nun um einen schnellen „cuppa" (eine Tasse Tee mit einem Keks), einen Nachmittagsimbiss oder ein richtiges Dinner handelt, die teatime ist fest in den Genen unserer britischen Freunde verankert. Um 1600 fanden die ersten Teeblätter den Weg über das Meer nach England. Eine Zeitlang war Tee nur einer kleinen Elite vorbehalten. In Mode kam er erst, als Königin Viktoria 1850 dazu überging, ihren afternoon tea im Buckingham Palace zu servieren. Damit machte sie den Tee, der aus allen Ecken des Britischen Weltreiches stammte, populär. Nach der Eröffnung des Panamakanals und dem Eintreffen der ersten Dampfschiffe sank der Teepreis sukzessive. Damals entstanden in den meisten großen Städten sogenannte tea-rooms – Teesalons, die für jeden geöffnet waren. Seither unterschied man zwischen dem high tea, dem richtigen Abendessen – das die Arbeiter, die mittags nur ein Sandwich verzehrt hatten, nach Feierabend einnahmen – und dem afternoon tea, bei dem die vornehmen Ladys sich die eine oder andere Süßigkeit gestatteten.

Die Teezubereitung ist eine Wissenschaft für sich. Je nach Herkunft und Alter der Blätter gibt es unzählige Zubereitungsvarianten. Die Briten gehören zu den größten Teekonsumenten weltweit: Sie trinken 200 Millionen Tassen im Jahr.

DIE PERFEKTE TASSE TEE

Nachfolgend finden Sie die jenseits des Ärmelkanals am häufigsten konsumierten Teesorten und die liebste Zubereitungsart der Briten:

ENGLISH BREAKFAST

Dies ist ein schwarzer Tee, kräftig und vollmundig im Geschmack, der aufgebrüht wird, um ihn mit Zucker und Milch zu genießen. Seine Blätter kommen hauptsächlich aus Ceylon (Sri Lanka), Assam und Kenia.

EARL GREY

Eine Schwarzteemischung, die mit getrockneten Bergamottestücken versetzt ist, was ihr die leichte Zitrusnote verleiht. Die Namensgebung geht auf das Jahr 1830 und den Grafen Charles Grey zurück. Grey war übrigens weder Reisender noch Kaufmann, sondern Premierminister bis 1834 und hat die Sklaverei im Britischen Empire abgeschafft.

ORANGE PEKOE

Dieser Name rührt von einem Benotungssystem her, das die Qualität von Schwarztees bewertet (*Orange pekoe grading*, das eigentlich chinesischen Ursprungs ist, aber in erster Linie auf indische Tees angewandt wird). In der Umgangssprache ist damit ein einfacher schwarzer Tee gemeint, keinesfalls jedoch ein Tee mit Orangenaroma.

Teezubereitung auf die englische Art:

- Die Teekanne mit kochendem Wasser vorwärmen, das Wasser danach wegschütten.
- Pro Gast je 1 Teelöffel schwarze Teeblätter in die Kanne geben, plus 1 Teelöffel für die Kanne.
- Mit 95 °C heißem Wasser (darf nicht kochen!) übergießen. Die Teeblätter ein erstes Mal mit dem Löffel umrühren. Je nach Teesorte 2 bis 5 Minuten ziehen lassen.
- Den Tee ein zweites Mal mit dem Löffel umrühren. Die Teekanne mit einem *tea-paddy* (eine Art Teekannenhaube, die die Kanne warmhält) abdecken, damit die Wärme nicht verloren geht und alle Gäste ihren Tee richtig temperiert genießen können.
- Jedem Gast seinen Tee servieren, indem die Blätter mit einem Teesieb aufgefangen werden.
- Je 1 Esslöffel frische Milch (oder Sahne) und Zucker hinzufügen (die Briten geben normalerweise keine Zitrone in den Tee).

Was wäre der afternoon tea *ohne die* Scones! *Traditionell werden sie mit* Clotted Cream *aus Devon, einer nicht pasteurisierten, butterähnlichen Sahnecreme, und Marmelade (Erdbeer oder Himbeer) serviert. Die Scones in der Mitte durchschneiden und dick bestreichen. Köstlich!*

SCONES MIT KIRSCHEN

ERGIBT 12 SCONES
ZUBEREITUNGSZEIT: 15 MINUTEN
BACKZEIT: 20 MINUTEN

450 g Mehl

1 Tütchen Backpulver

1 TL Salz

60 g Butter, in Würfel geschnitten

400 ml frische Milch plus Milch zum Einpinseln

1 EL Zitronensaft

20 frische oder getrocknete (im Bio-Laden) oder tiefgefrorene (vorher abtropfen lassen!) Kirschen, entkernt

Clotted Cream (im englischen Spezialitätengeschäft, ersatzweise Crème Double) und Erdbeer- oder Himbeermarmelade zum Anrichten

- Den Backofen auf 210 °C vorheizen.
- Mehl, Backpulver und Salz in eine Schüssel sieben. Die Butterwürfel dazugeben und alles mit den Händen zu Streuseln kneten (wie für einen Crumble).
- Milch und Zitronensaft schaumig schlagen. Den Mix nach und nach in die Schüssel mit den Streuseln gießen. Die Kirschen hinzufügen und den Teig gründlich durchkneten, bis er nicht mehr klebt.
- Den Teig 2,5 cm dick ausrollen. Die Scones mithilfe einer kannelierten Ausstechform (mit 5 cm Durchmesser) ausstechen.
- Die Scones auf ein Backblech legen und mit etwas Milch bepinseln. In den Ofen schieben und 20 Minuten backen.
- Die noch warmen Scones mit *Clotted Cream* und Erdbeer- oder Himbeermarmelade servieren.

SCONES MIT CHEDDAR

Die Kirschen durch 100 g geriebenen Cheddar ersetzen. Wie beschrieben zubereiten. Die Cheddar-Scones zu einer Suppe servieren.

Bei den Crumpets, *die genauso bekannt sind wie die amerikanischen* Pancakes, *handelt es sich um kleine, luftig-leichte Pfannkuchen, die auf der Basis von Mehl und Hefe hergestellt werden. Ihre Zubereitung erscheint zunächst einfach, erweist sich dann aber doch als recht kompliziert. Dank dieses* homemade-*Rezepts können Sie die echten englischen* Crumpets *probieren!*

CRUMPETS

ERGIBT 12 CRUMPETS
ZUBEREITUNGSZEIT: 10 MINUTEN
BACKZEIT: 15 MINUTEN
RUHEZEIT: 1 STUNDE

1/2 Tütchen Trockenhefe
150 ml Vollmilch
250 g Mehl
1/2 TL Salz
50 g Butter plus Butter zum Bestreichen
1 EL Öl plus Öl für die Ausstechform

- Die Hefe in 2 Esslöffeln lauwarmer (nicht kochender) Milch auflösen.
- Mehl und Salz in eine Schüssel sieben. In der Mitte eine Mulde formen. Erst die aufgelöste Hefe, dann den Rest lauwarme Milch hineingeben. Gut verrühren und den Teig 1 Stunde unter einem Tuch gehen lassen.
- Eine runde Ausstechform mit 10 cm Durchmesser mit Öl einpinseln.
- In einer Pfanne die Butter mit dem Öl zerlassen. Die Ausstechform in die Pfanne setzen, ein wenig Teig hineingeben (ca. 1 cm dick) und 5 Minuten bei mittlerer Hitze braten, bis sich an der Oberfläche Bläschen bilden. Die Ausstechform vorsichtig aus der Pfanne nehmen. Die andere Seite des *Crumpet* 1 Minute goldbraun braten. Abkühlen lassen. Mit den restlichen *Crumpets* ebenso verfahren.
- Die *Crumpets* vor dem Servieren kurz toasten und dick mit Butter bestreichen.

VARIANTE

Dem Teig 1/2 Teelöffel Zimt oder Ingwerpulver beimischen, um den *Crumpets* eine exotische Note zu verleihen. Mit gesalzener Butter oder Orangenmarmelade servieren.

Shortbreads *sind kleine Kekse schottischen Ursprungs, die auf der Basis von Fett und Mehl zubereitet werden. Für gewöhnlich findet man sie in drei verschiedenen Formen: quaderförmig („fingers"), dreieckig („petticoat tails") oder kreisrund („round shapes").*

SHORTBREADS

ERBIBT 20 SHORTBREADS
ZUBEREITUNGSZEIT: 15 MINUTEN
BACKZEIT: 25 MINUTEN
RUHEZEIT: 30 MINUTEN

150 g leicht gesalzene, weiche Butter

100 g brauner Zucker

1 großes Ei

300 g Mehl

Schale von 1 unbehandelten Zitrone, sehr fein gehackt

- Butter und Zucker mit dem Handrührgerät schön cremig schlagen. Das Ei hinzufügen und erneut schlagen. Anschließend Mehl und Zitronenschale unterrühren.
- Den Teig auf einem Blatt Backpapier 1 cm dick ausrollen. Mit einem Messer Rechtecke einritzen, ohne dabei den Teig ganz durchzuschneiden. Mit einem Blatt Backpapier abdecken und 30 Minuten an einen kühlen Ort stellen.
- Den Backofen auf 160 °C vorheizen.
- Das obere Blatt Backpapier entfernen, dann die *Shortbreads* mit dem unteren Backpapier auf ein Backblech legen. Mit etwas kaltem Wasser einpinseln.
- In den Ofen schieben und 25 Minuten backen, bis die Kekse leicht goldbraun sind.
- Die *Shortbreads* komplett abkühlen lassen, dann entlang der vorgeschnittenen Linien in Stücke schneiden.

Der Legende nach entstand das Club Sandwich um 1840. Es soll von einem Mitglied eines exklusiven Londoner Clubs – dem ausschließlich Männer beitreten konnten – erfunden worden sein. Als besagter Mann einmal mit Heißhunger nach Hause kam und kein Dienstmädchen antraf, das ihm etwas zu essen machen konnte, stellte er sich auf die Schnelle dieses dreistöckige Hühnchensandwich zusammen.

Voller Stolz auf seine Erfindung erzählte er den anderen Clubmitgliedern davon und bat gleichzeitig um Verschwiegenheit … woran sich aber niemand hielt! Das Club Sandwich erfreute sich von da an großer Beliebtheit. Eduard VIII. war verrückt danach – wohl auch, weil seine Frau Wallis Simpson es für ihn belegte.

CLUB SANDWICH

FÜR 4 PERSONEN
ZUBEREITUNGSZEIT: 15 MINUTEN
GAREN NICHT ERFORDERLICH

12 Scheiben helles Toastbrot ohne Rinde

12 dünne Scheiben Speck

4 EL Mayonnaise (am besten selbst gemachte)

8 Blätter Kopfsalat

4 gegrillte Hähnchenbrustfilets, in dünne Scheiben geschnitten

2 Tomaten, in Scheiben geschnitten

2 hart gekochte Eier, in Scheiben geschnitten

4 sehr dünne Scheiben Emmentaler

- Die Brotscheiben toasten und warm stellen.
- Die Speckscheiben in einer Pfanne ohne Fett von allen Seiten auf hoher Stufe kross anbraten.
- 1 Brotscheibe mit Mayonnaise bestreichen. Mit 1 Kopfsalatblatt, einigen Scheiben Hühnchenfleisch, 1 Scheibe krossem Speck und 1 Tomatenscheibe belegen. Ein zweites Toastbrot mit Mayonnaise bestreichen und auf die Tomatenscheibe setzen. Erneut mit Mayonnaise bestreichen. Mit einigen Scheiben Ei, 1 Scheibe Emmentaler und 1 Kopfsalatblatt belegen. Als letzte Schicht folgt noch einmal Toastbrot.
- Das Sandwich diagonal vierteln. Jedes Viertel mit einem Holzstäbchen aufspießen, damit es sich leichter essen lässt.
- Auf diese Weise auch die anderen Sandwiches zubereiten.

VaRiAntE : TURKEY CLUB SANDWICH

Das Hühnchenfleisch durch 2 gegrillte Putenbrustfilets und den Emmentaler durch englischen Cheddar ersetzen.

COCKTAILS

Mit ihren jahrhundertealten Bierbrauereien, den Cider-Manufakturen, die es bereits im Mittelalter gab, und den Gin- und Whisky-Brennereien, die im 17. Jahrhundert entstanden, bieten die Britischen Inseln mannigfaltige Möglichkeiten, alkoholische Getränke zu kosten. Die meisten dieser Getränke werden in Pubs konsumiert. Diese Orte der Geselligkeit sind aus den Wirtshäusern und Poststationen hervorgegangen, die man früher entlang der wichtigsten Verbindungsstraßen finden konnte. Zu Hause trinken die Briten eher selten Alkohol.

Auch wenn der Wein inzwischen einen wichtigen Platz beim Abendessen einnimmt, trinkt man ihn in der Regel nur im Restaurant. Bei den folgenden Rezepten handelt es sich um Drinks und Cocktails, die man nicht nur im Pub, sondern zu besonderen Anlässen auch im Kreise der Familie trinkt.

Der Legende nach wurde der Irish Coffee 1942 auf dem Limericker Flughafen in Irland erfunden. An jenem Abend kredenzte der Flugkapitän seinen Passagieren, die gerade einen unangenehmen Flug hinter sich gebracht hatten, diesen hochwirksamen Muntermacher zur Stärkung.

Der Drink kam damals sehr gut an, und sein Rezept verbreitete sich über Irland hinaus. Außerdem ermöglichte er jenen Frauen, die sich in einen Pub wagten, ganz diskret – versteckt in ihrem Kaffee – Alkohol zu konsumieren …

Der Pimm's® wurde 1840 von John Pimm erfunden, dem Besitzer einer berühmten Austernbar in London, der diesen Drink seinen Kunden vorsetzte. Es handelt sich dabei um einen Mix aus Gin, Chinin und einer geheim gehaltenen Gewürzmischung. Der Pimm's® dient seither als Basiszutat für zahlreiche erfrischende Cocktails. Er gilt als das Getränk für laue Sommerabende und sponsert daher die großen Tennis- und Cricket-Turniere.

IRISH COFFEE

FÜR 1 PERSON
ZUBEREITUNGSZEIT: 5 MINUTEN

50 ml Sahne
40 ml irischer Whiskey
2 TL Streuzucker
2 Tassen heißer Espresso

- Die Sahne schlagen. Sie sollte aber nur leicht schaumig und nicht steif werden.
- In einem Topf den Whiskey zusammen mit dem Zucker erhitzen, ohne den Mix zum Kochen zu bringen.
- Den Whiskey in ein Glas füllen. Einen Kaffee-löffel in das Glas geben; er sollte die Whiskey-oberfläche berühren.
- Den Kaffee so vorsichtig auf den Löffel gießen, dass die beiden Flüssigkeiten sich nicht vermischen.
- Darüber zum Schluss behutsam die leicht schaumig geschlagene Sahne verteilen.

Tradition:

In der Gegend um Limerick finden Irish-Coffee-Wettbewerbe statt. Ziel der Teilnehmer ist es, den Irish Coffee mit der besten Farbabstufung zu mixen – man sagt, in einem perfekten Irish Coffee müsse man 7 verschiedene Schichten erkennen können!

PIMM'S CUP

FÜR 1 PERSON
ZUBEREITUNGSZEIT: 5 MINUTEN

40 ml Pimm's® N°1
5 ml Triple-sec-Likör (z. B. Cointreau®, Grand Marnier®)
Saft von 1 Limette
5 g Rohrzucker
1 Zitronenscheibe
1 Orangenscheibe
1 Gurkenscheibe
3 frische Minzeblätter

Zitronenlimonade oder Ginger Ale zum Auffüllen

- Die Zutaten direkt in ein Glas mit Eiswürfeln geben. Vorsichtig umrühren und mit Limonade oder Ginger Ale auffüllen.

Dieses Getränk ist ein Klassiker an langen britischen Winterabenden. Der Egg Nog wärmt das Gemüt, heißt es! Um ihn zu trinken, braucht es aber keinen Regen, Nebel oder gar Spukschlösser – er schmeckt auch so köstlich und ist ganz einfach zuzubereiten. Kinder sollten ihn allerdings nicht probieren, da etwas Whisky enthalten ist.

Dieses Erfrischungsgetränk auf der Basis von Holunderblüten (Achtung, nur die Blüten verwenden, die Beeren sind roh giftig!) wird am Sonntagnachmittag im Kreise der Familie getrunken. Seine homemade-Version hält sich ein paar Tage im Kühlschrank, aber auch aus den britischen Supermärkten ist es nicht mehr wegzudenken.

EGG NOG

EIERFLIP

FÜR 4 PERSONEN
ZUBEREITUNGSZEIT: 10 MINUTEN
GARZEIT: 5 MINUTEN

1 l Milch
4 frische Eier
150 ml gezuckerte Kondensmilch
1/2 TL flüssiger Vanilleextrakt
50 ml Whisky
1 TL Muskatpulver

- Die Milch in einem Topf zum Kochen bringen.
- Eiweiß und Eigelb trennen. Eigelb in einer Schüssel schaumig verquirlen. Nacheinander die kalte Kondensmilch, die heiße Milch, den Vanilleextrakt und den Whisky zugeben.
- Das Eiweiß zu Schnee schlagen. Den Eischnee nach und nach unter die Milch heben.
- Den *Egg Nog* in große Gläser füllen. Mit etwas Muskat bestäuben und servieren.

ELDERFLOWER CORDIAL

HOLUNDER-COCKTAIL

FÜR 20 PERSONEN
ZUBEREITUNGSZEIT: 20 MINUTEN
GARZEIT: 1 MINUTE
EINWIRKZEIT: 24 STUNDEN

10 Holunderblütendolden
1 Zitrone, in Viertel geschnitten
2 l kochendes Wasser
500 g Streuzucker

- Die Blüten gründlich abspülen und, falls nötig, Insekten und Zweige entfernen.
- Alle Zutaten in einem großen Topf miteinander vermischen. Zum Kochen bringen, dann 1 Minute garen lassen. Zugedeckt 24 Stunden ziehen lassen, dabei von Zeit zu Zeit umrühren.
- Die Mixtur durch ein Musselintuch abgießen und in Flaschen füllen. Einige Tage im Kühlschrank lagern. Schön kühl servieren.

CHRISTMAS

*Anders als bei uns werden in Großbritannien die Geschenke morgens am 1. Weihnachtstag ausgepackt. Während die Kinder in ihren stockings (Strümpfe, die am Kamin hängen) nach kleinen Überraschungen und Süßigkeiten wühlen, nehmen die Erwachsenen ihren Christmas Tea ein (eine kleine Zwischenmahlzeit, damit man bis zum Lunch durchhält). Dann kommt die ganze Familie zum traditionellen Weihnachtsessen zusammen – es gibt gefüllten Truthahn –, das um Punkt 15 Uhr von Queen Elisabeth unterbrochen wird.
Die Königin hält nämlich jedes Jahr im Fernsehen und im Radio eine Weihnachtsansprache an das Volk, die auch in den Commonwealth-Staaten ausgestrahlt wird. 2007 hat die Queen sogar einen eigenen Kanal auf Youtube (www.youtube.com/theroyalchannel) ins Leben gerufen, auf dem man sich Videos mit ihren wichtigsten Reden anschauen kann.*

Diese beiden Rezepte stammen aus dem 19. Jahrhundert. Ihre Herkunft ist unklar: Einige Quellen behaupten, sie seien englischen, irischen, ja sogar neuseeländischen Ursprungs, aber es ist auch genauso gut möglich, dass sie das erste Mal in Frankreich zubereitet worden sind. In früheren Zeiten wurden sie am Ende einer Mahlzeit nach dem Portwein gereicht, um den Gaumen anzuregen. Heutzutage serviert man diese englischen Küchenklassiker als Appetithäppchen vor einem Festessen.

ANGELS ON HORSEBACK

FÜR 4 PERSONEN
ZUBEREITUNGSZEIT: 10 MINUTEN
BACKZEIT: 5 MINUTEN

16 Austern
Saft von 1 Zitrone
8 dünne Scheiben Speck
8 kleine Toastscheiben
25 g Butter

8 kleine Holzspieße

- Den Backofen auf 200 °C vorheizen.
- Die Austern aus der Schale lösen und den Austernsaft abgießen. Mit einem Schuss Zitronensaft beträufeln.
- Je 2 Austern in eine Scheibe Speck einrollen und mit einem Holzspießchen fixieren.
- Die 8 Röllchen auf ein Backblech legen. In den Ofen schieben und 5 Minuten überbacken.
- Die Appetithäppchen auf den mit Butter bestrichenen, gerösteten Toastscheiben anrichten.

DEVILS ON HORSEBACK

FÜR 4 PERSONEN
ZUBEREITUNGSZEIT: 10 MINUTEN
BACKZEIT: 5 MINUTEN

16 Backpflaumen, entsteint
8 TL Mango-Chutney
8 dünne Scheiben Speck
8 kleine Toastscheiben
25 g Butter

8 kleine Holzspieße

- Den Backofen auf 200 °C vorheizen.
- Jede Backpflaume mit etwas Mango-Chutney füllen.
- Je 2 gefüllte Backpflaumen in eine Scheibe Speck einrollen und mit einem Holzspießchen fixieren.
- Die 8 Röllchen auf ein Backblech legen. In den Ofen schieben und 5 Minuten überbacken.
- Die Appetithäppchen auf den mit Butter bestrichenen, gerösteten Toastscheiben anrichten.

Die Tradition will es, dass man den Christmas Pudding *am Abend des* Stir-up Sunday *Ende November, also einen Monat im Voraus zubereitet. Je weicher er ist und je länger die diversen Zutaten durchgezogen sind, desto besser schmeckt er nämlich. Aber aufgepasst: Er erfordert eine sehr lange Vorbereitungs- und Garzeit. Planen Sie also genügend Zeit ein!*

CHRISTMAS PUDDING

FÜR 6 PERSONEN
ZUBEREITUNGSZEIT: 30 MINUTEN
GARZEIT: 6 BIS 7 STUNDEN
RUHEZEIT: 1 NACHT

140 g frische Brotkrusten, grob in Semmelbrösel zerkleinert

4 EL Streuzucker

1 EL Piment

Schale von 1 unbehandelten Orange, fein gehackt

100 g Korinthen

60 g Sultaninen

25 g kandierte Orangenschalen, in kleine Würfel geschnitten

50 g kandierte Kirschen, grob gehackt

100 g streichfähige Butter plus Butter für die Form

1 Apfel, geschält und fein gerieben

1/2 Möhre, geschält und fein gerieben

1 gestrichener TL Salz

Saft von 1 Orange

1 großes Ei

200 ml dunkles Bier

Heißer Whisky und *Brandy Butter* zum Anrichten

- Brotkrusten, Zucker, Piment, Orangenschale, Korinthen, Sultaninen, kandierte Orangenschalen und Kirschen im Mixer oder mit dem Handrührgerät mischen. Die Butter, den Apfel, die Möhre und das Salz hinzufügen. Erneut mixen.
- Den Teig in eine Schüssel füllen. Den Orangensaft und das verquirlte Ei zugeben. Nach und nach das Bier zugießen. Mit Frischhaltefolie abdecken und 1 Nacht im Kühlschrank ruhen lassen.
- Am nächsten Tag eine mit Butter eingefettete, hohe, runde Auflaufform mit Backpapier auslegen. Den Teig in die Form füllen. Darüber ein mit Butter bestrichenes Blatt Backpapier legen. Die Form mit Backpapier abdecken; mit Küchengarn zubinden oder mit einem Gummi fixieren, damit die Form wasserdicht verschlossen ist.
- Den Pudding in Wasserdampf 6 bis 7 Stunden garen (nicht vergessen, den Dampfgarer bei Bedarf mit kochendem Wasser aufzufüllen).
- Den Pudding abkühlen lassen und bis Heiligabend an einem kühlen Ort lagern (z. B. im Keller).
- Aus der Form nehmen und mit heißem Whisky und *Brandy Butter* getränkt servieren.

BRANDY BUTTER

50 g streichfähige Butter mit 100 g Puderzucker cremig schlagen. Nacheinander 2 Esslöffel Brandy zugießen und dabei aufpassen, dass die Konsistenz der Creme sich nicht verändert.

Wie beim Christmas Pudding *sieht die Tradition auch beim* Christmas Cake *eine frühzeitige Zubereitung Ende November vor.*

CHRISTMAS CaKE

FÜR 6 BIS 8 PERSONEN
ZUBEREITUNGSZEIT: 30 MINUTEN
BACKZEIT: 4 STUNDEN 30 MINUTEN

225 g streichfähige Butter plus Butter für die Form

225 g Mehl

1 Prise Salz

1 EL Piment

800 g Trockenobst: Aprikosen, Weintrauben, Feigen, Bananen

50 g Mandeln, geschält

100 g kandierte Orangen- und Zitronenschalen

50 g kandierte Kirschen

225 g brauner Zucker oder ein Mix aus braunem Zucker und Muscovadozucker

1 EL Vanilleextrakt

Schale von 1 unbehandelten Orange, fein gehackt

4 große Eier

150 ml Whisky

einige schön geformte, kandierte Früchte und Honig zum Garnieren

- Den Backofen auf 160 °C vorheizen.
- Eine sehr hohe, runde Kuchenform mit mehreren gebutterten Backpapierblättern auslegen. Den Rand ebenfalls mit Backpapier auskleiden, oben 5 cm überstehen lassen.
- Das Mehl mit dem Salz und dem Piment durchsieben. Trockenobst, Mandeln, kandierte Zitrusfrüchte und Kirschen in einer Schüssel mischen. Das Ganze mit 2 Esslöffeln gesiebtem Mehl bestäuben.
- In einer anderen Schüssel die Butter und den Zucker cremig schlagen. Vanilleextrakt, Orangenschale, 1 Ei und 1 Esslöffel gesiebtes Mehl hinzufügen. Die übrigen Eier und das restliche gesiebte Mehl untermischen. Die mit Mehl bestäubten Früchte und 50 ml Whisky zugeben. Alles gut miteinander verrühren.
- Den Teig in die Form geben. Mit einem Löffel glattstreichen, dann in der Mitte eine kleine Mulde formen.
- Den Kuchen in den Ofen schieben und 1 Stunde 30 Minuten backen, bis er leicht gebräunt ist. Die Temperatur auf 140 °C herunterstellen und weitere 3 Stunden backen. Mit Alufolie bedecken, falls der Kuchen oben zu braun werden sollte.
- Den Kuchen auf einem Gitterrost komplett abkühlen lassen, dann aus der Form stürzen. Die Backpapierblätter entfernen.
- Mit einem Bratspieß kleine Löcher in den Kuchen stechen und den restlichen Whisky darübergießen.
- Den Kuchen bis Weihnachten in einer luftdicht verschlossenen Dose an einem kühlen Ort aufbewahren. Wer will, kann den *Christmas Cake* jede Woche aufs Neue mit 50 ml Whisky beträufeln.
- Den Kuchen am ersten Weihnachtstag mit kandierten Früchten garnieren. Vor dem Servieren noch etwas Honig über die kandierten Früchte geben.

REZEPT-REGISTER

ZUTATEN
REGISTER

GUTE ADRESSEN FÜR BRITISCHE PRODUKTE

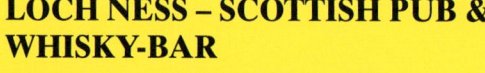

LOCH NESS – SCOTTISH PUB & WHISKY-BAR

Roonstr. 31a, 12203 Berlin-Steglitz
Tel. 030/832 10 289
www.loch-ness-pub.de
Herzhafte schottische Küche – vom Cottage Pie über Fish & Chips bis zum Haggis – sowie über 650 Whiskysorten; Whisky Tastings.

TIN MINER FINEST PASTIES

Große Elbstr. 133, 22767 Hamburg
Tel. 040/413 06 968
www.pastycompany.de
Traditionelle Cornish Pasties mit verschiedenen herzhaften Füllungen.

BAKER STREET CRIMINAL TEAROOM & PUB

Mainzer Str. 8, 66111 Saarbrücken
Tel. 0681/958 12 454
www.bakerstreetsb.de
Viktorianisch eingerichteter Pub, tagsüber traditioneller Tearoom. Whisky Tastings, Krimi-Events, Full English Breakfast.

PUBS, RESTAURANTS, TEAROOMS

EAST LONDON

Mehringdamm 33, 10961 Berlin
Tel. 030/695 33 205
www.eastlondon.de
Traditionelle und moderne britische Küche. Full English Breakfast, Afternoon Tea und sogar der traditionelle „Sunday Roast" werden angeboten – und vieles mehr.

BRITISCHE & IRISCHE LEBENSMITTEL ACCESSOIRES

THE ENGLISH SHOP

An St. Agatha 41, 50667 Köln, Tel. 0221/257 85 55
Sternstr. 71, 53111 Bonn, Tel. 0228/981 48 484
www.english-shop.de
Auch im Online-Shop: Britische Biere, Tees, Schokoladen, Chips, Marmeladen, Saucen, Gebäck usw., dazu einige amerikanische Lebensmittel, britische Souvenirs, Zeitschriften, Bücher und Geschenke.

A TASTE OF BRITAIN

Oeder Weg 34, 60318 Frankfurt/M.
Tel. 069/959 29 474
www.a-taste-of-britain.de
Von Clotted Cream bis Pickles und Chutneys – alles, was das Herz begehrt; ebenfalls im Online-Shop bestellbar.

IRISH BERLIN

Große Hamburger Str. 36A, 10115 Berlin
Tel. 030/281 03 81
www.irish-berlin.de
Kleidung, Whiskeys, Marmeladen, irische Musik, Kosmetik, keltischer Schmuck …

ENGLISH SHOP

Kaigasse 21, A – 5020 Salzburg
Tel. 0043/662/908 552
www.englishshop.at
Britische Lebensmittel und Souvenirs, auch im Online-Shop.

BRITISCHER LIFESTYLE: ONLINE-SHOPS (TEILWEISE AUCH LÄDEN BZW. LAGERVERKAUF)

www.the-british-shop.de
Englische Bekleidung im Country Style, Wohnaccessoires, Food-Spezialitäten u.v.a.

www.bright-britain.de
Lebensmittel, Tisch und Tafel, Gartenkultur, Kosmetik, Bücher, Geschenke …

www.british-shop.de
Lebensmittel, Schmuck, Gartenaccessoires, Kosmetik, Porzellan, Papeterie, Bücher …

www.best-of-british.de
Wohnaccessoires, Geschirr, Country Life, Union-Jack-Artikel und vieles mehr.

www.britishempire-shop.de
Cool und very British: Kleidung und Schuhe, Lebensmittel, Accessoires und vieles mehr.

INTERNETSEITEN (ENGLISCH-SPRACHIG) ZUM THEMA GROSS-BRITANNIEN BZW. BRITISCHE / IRISCHE KÜCHE

www.scotlands-enchanting-kingdom.com
Hier finden Sie alles über Nessie, Haggis, Tartans und schottische Traditionen.

www.scottishrecipes.co.uk
Traditionelle schottische Rezepte … „wie von Oma!"

www.greatbritishkitchen.co.uk
Diese Webseite stellt die besten britischen Rezepte, einige treffende Anekdoten sowie ein Glossar mit den gängigsten Zutaten zusammen.

www.britainexpress.com
Diese Webseite ist dem britischen Kulturerbe gewidmet: Geschichte, Geheimnisse, Monarchie… hier erfahren Sie alles und können außerdem die besten Rezepte und regionalen Traditionen kennenlernen.

www.irishcultureandcustoms.com
Hier geht es um die irischen Sitten und Gebräuche. Gedichte, kleine Lektionen in Sachen irische Aussprache, zahlreiche Anekdoten und vieles mehr gibt es dort zu entdecken. Auch die tollen Traditionsrezepte sollte man nicht unerwähnt lassen!

UMRECHNUNGSTABELLEN
FÜR MASSEINHEITEN

FLÜSSIGKEITSMASSE

Die in Rezepten angegebenen Flüssigkeitsmaße beziehen sich wie in Deutschland auf das Volumen, aber neben dem Löffel (Teelöffel, Esslöffel) benutzt man in England in erster Linie die Tasse (cup) als Maßeinheit.

1/8 tea spoon	1/2 ml	
1/4 tea spoon	1 ml	
1/2 tea spoon	3 ml	
1/4 table spoon	4 ml	
1 tea spoon	5 ml	
1/2 table spoon	8 ml	
1 table spoon	15 ml	
1/8 cup	35 ml	1 oz
1/4 cup	65 ml	2 oz
1/3 cup	85 ml	
3/8 cup	95 ml	3 oz
1/2 cup	125 ml	4 oz
5/8 cup	160 ml	
2/3 cup	170 ml	
3/4 cup	190 ml	6 oz
7/8 cup	220 ml	7 oz
1 cup	250 ml	8 oz
2 cups oder 1 pint	500 ml	
4 cups oder 2 pints	1 l	
32 cups oder 16 pints oder 1 Gallone	4 l	

1 oz : *1 Unze = 35 ml oder 30 g*

TROCKENMASSE

Im Gegensatz zum deutschen System, das in Rezepten das Gewicht (oder genauer gesagt, die Masse in Gramm oder Kilogramm) angibt, verwendet das angelsächsische System das Volumen sowohl für trockene Substanzen als auch für Flüssigkeiten. Das macht es manchmal nicht ganz einfach, ein englisches Rezept nachzukochen. Denn auch wenn eine Tasse Puderzucker und eine Tasse Reis dasselbe Volumen haben, so haben sie doch noch lange nicht dieselbe Masse …
Hier eine kleine Hilfestellung, damit Sie sich besser zurechtfinden:

Mehl	1 table spoon	8 g
	1 cup	115 g
Streuzucker	1 table spoon	15 g
	1 cup	225 g
Puderzucker	1 table spoon	9 g
	1 cup	150 g
brauner Zucker	1 table spoon	12 g
	1 cup	200 g
Kakaopulver	1 table spoon	8 g
	1 cup	110 g
Butter/Margarine	1 table spoon	15 g
	1 cup	225 g
gehobelte Mandeln	1 table spoon	5 g
	1 cup	80 g
ganze Mandeln	1 table spoon	10 g
	1 cup	170 g
Kokosraspel	1 table spoon	5 g
	1 cup	75 g
Reis	1 table spoon	12 g
	1 cup	210 g

DAS GEWICHT BZW. DIE MASSE

Wird in oz (Unze) und lbs (Pound= Pfund) angegeben. Hier die entsprechenden Grammangaben des deutschen Systems:

15 g	1/2 oz	
30 g	1 oz	
55 g	1/8 lbs	2 oz
115 g	1/4 lbs	4 oz
170 g	3/8 lbs	6 oz
225 g	1/2 lbs	8 oz
285 g	5/8 lbs	
340 g	3/4 lbs	
400 g	7/8 lbs	
454 g	1 lbs	16 oz
1 kg	2,2 lbs	

OFENTEMPERATUR

Hitzegrad	°Celsius	°Fahrenheit
Sehr schwach	70 °C	150 °F
Schwach	100 °C	200 °F
	120 °C	250 °F
Mittel	150 °C	300 °F
	180 °C	350 °F
Heiß	200 °C	400 °F
	230 °C	450 °F
Sehr heiß	260 °C	500 °F

DANKSAGUNG

Ein riesengroßes Dankeschön geht an Catherine Moreau für ihre Hilfe und Unterstützung – und dafür, dass sie am Ende das Styling von God save the cook *komplett übernommen hat …! Im big mamma style, versteht sich!*

Ein ganz besonderes Dankeschön auch an Caroline, unsere Praktikantin-Assistentin-Feinbäckerin-Weltenbummlerin, für ihren wertvollen Beistand im Laufe dieser arbeitsreichen Monate.

Ich bedanke mich bei Barbara und Adèle von den Éditions Mango für ihr sofortiges Vertrauen in dieses leicht abgefahrene, typisch britische Projekt!

Ein großes Dankeschön geht auch an das Corcoran's Team. In diesem Irish Pub in Paris hat man uns sehr freundlich und professionell für die Rezepte made in Ireland empfangen.

Danke auch an das Team von Cab Event für ihr Luxus-Cab.

Bei den Mitgliedern der Kilt Society de France möchte ich mich dafür bedanken, dass sie den Spaß bei den Fototerminen mitgemacht haben. Lang lebe der Kilt!

Meiner Freundin Coralie danke ich für ihren Rat in Styling-Fragen und ihre irischen Impressionen. Ein besonderer Dank geht an Robert „Bob" Devine, den Engländer, den ich am längsten kenne (wir sind seit dreißig Jahren Freunde!).

Stephen, meinem amerikanischen Schatz, danke ich für seine Präsenz in meinem Leben.

Danke auch an das indische Restaurant „Pooja" (91, passage Brady, 75010 Paris) für die leckeren würzigen Gerichte, die genauso frisch wie in Indien zubereitet wurden!

Catherine Moreau bedankt sich bei: Florence, die ihr an einem Augustabend großzügig Einblick in ihre mit wunderbaren Köstlichkeiten gefüllten Schränke gewährt hat.
– ihrer Mama, der Königin der Suppenschüsseln (Bist du etwa unter die Sammler gegangen?).

Danke an Jamie Reid, den Grafiker der Sex Pistols!
Das Layout dieses Buches ist seinen punkigen Covern nachempfunden.

Mango bedankt sich bei allen englischen Marken, die in dem Buch vorkommen.

God save the cook
© 2014 Tandem Verlag
Alle Rechte vorbehalten

© für die Originalausgabe
God save the cook
Mango, Paris 2011

Alle Rechte vorbehalten

Übersetzung aus dem Französischen: Jutta Schiborr, Brüssel
Lektorat/Redaktion: Katrin Höller, writehouse, Köln
Satz und Produktion: InterMedia, Ratingen
Umschlaggestaltung: Thema Medien, Koblenz
Gesamtherstellung: Tandem Verlag GmbH, Potsdam

ISBN 978-3-8427-0757-3

10 9 8 7 6 5 4 3 2 1

In der gleichen Ausstattung erschienen:

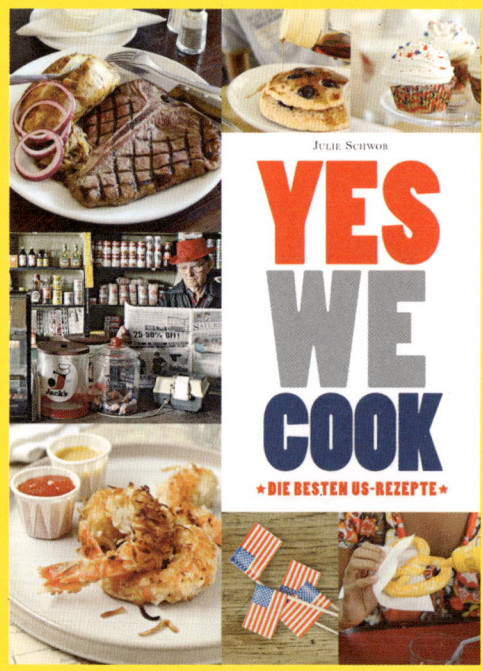